10万枚のレコード物語

ラジオ関西

あの感動をもう一度

今林清志・著

CONTENTS

人気復活	当時の音で聴きたい	6
ポール・アンカ	「ダイアナ」に成長の跡	8
S&G	震災の被災者支える	10
こだわりの店	レコードの音似合う街	12
心の遺産	「共有」したいシングル盤	14
名盤中の名盤	タンゴの響きに魅せられ	16
映画音楽	浮かぶ青春の名シーン	18
中古店	アナログ文化脈々と	20
機器	プレーヤー6台 現役	22
ルイ・アームストロング	なぜか涙がにじむ音楽	24
キング・オブ・スイング	カーネギーに乗り込む	26
ビリー・ホリデイ	ゆっくりと酔わす歌声	28
モールディ・フィグ？	古くもかび臭くもない	30
寒い季節に聴きたい曲	叙情的な演奏に酔う	32

エディット・ピアフ　愛と人生 歌う短編小説 …………… 34

水先案内人　「白盤」に刻み込まれた …………………… 36

季節の定番曲　歳時記の役割果たす ……………………… 38

番組テーマ曲　モダンな音楽センス ……………………… 40

偉大なシンガー　優しく温かいシャウト ………………… 42

冗談音楽　摩訶不思議な曲に変貌 ………………………… 44

デッカ・レコード　貴重な6枚のヒット集 ……………… 46

アートとして　美術館で誇らしげに ……………………… 48

ファドの女王　人の心打つ「暗愁」 ……………………… 50

ナット・キング・コール　いぶし銀のシブい声 ………… 52

ビートルズ　ロック史に巨大な足跡 ……………………… 54

　5人目になって口ずさむ／半世紀経ても古びない音／下積み時代の経験凝縮／リバプールなまりの英語／50年前に始まった「革命」

ムード音楽　甘く、心に染み込む音色 …………………… 64

カーペンターズ　70年代のスーパースター …………… 66

クリスマスの定番　心温まるソフトな歌声 ……………… 68

夫婦のハーモニー　年末にふさわしい絶唱 ……………… 70

キング・オブ・ロックンロール　強烈な存在感とシャウト … 72

ロックンロール　時代を画したジャンル名 ……………… 74

項目	サブタイトル	頁
伝説のモダン・フォーク	色あせないハーモニー	76
S盤アワー	洋楽番組のパイオニア	78
ボブ・ディラン	心に響く天才詩人の歌	80
サマータイム	ジャンル超えた名曲	82
ローリング・ストーンズ	世界一有名な不良少年	84
名曲・名盤コンサート	溝に詰まる思い出や人生	86
アンディ・ウイリアムス	豊かなアメリカを象徴	88
亡くなったスターたち	時代の思い出を記録	90
名曲「老兵の話」	4分6秒の「短編小説」	92
ピンク・フロイド	革新ロックの伝説バンド	94
ライブアルバム	熱狂や感動までも"記録"	96
レコードコンサート	懐かしい歌 心に明かり	98
ハードロック	「熱さ」と「甘さ」が原点	100
エルビスの魅力	歌うことが生きる全て	102
電リクの選曲	立ちのぼる「時代の匂い」	104
いとしさ	すべての音楽が表現	106
ポールの大阪公演	震えがくるような39曲	108
世を去ったミュージシャン	溝に時代を閉じ込めた	110
今年は当たり年	大物アーティスト続々来日	112
ニューヨーク	さびつかぬアナログ文化	114
恒例の名盤コンサート	電リク再現 よみがえる記憶	116

無人島に持って行くなら？ 選ぶ人の人生観映し出す……118

ジャズの名演奏 孤独の中で向き合う名盤……120

ジャニスとピアフ 愛と音楽にささげた人生……122

フロイドとサンタナ 孤独な夜に甘い胸騒ぎ……124

ロックのライブ盤 とどろく歓声と息遣い……126

シャンソンの名品 優れた掌編小説に似て……128

2人の黒人歌手 胸に響く絶唱忘れられず……130

伝説の番組 膨らむ電リク復活の夢……132

ラジ関CDボックス　洋楽の伝統……134
　洋楽100曲 第1弾発売、選曲投票第2弾も好調／神戸らしい香りの100曲／洋楽ボックス第3弾 超ビッグヒットも収録／リスナーが育てた歴史

ラジオ一筋の40年―あとがきにかえて……142

本書は、2010年5月10日から、2015年1月19日まで、神戸新聞夕刊文化面に70回連載された「あの感動をもう一度　ラジ関10万枚のレコード物語」をもとに、一部再構成・加筆・修正を行い、収録したものです。文中の年代、年齢、肩書きなどは本文末尾に表記した新聞掲載日当時のままです。

当時の音で聴きたい
人気復活

1952(昭和27)年のクリスマスイブに、日本で初めて洋楽の電話リクエストを放送し、音楽放送局の草分けとなったラジオ関西(通称「ラジ関」)。現在

ラジオ関西本社ロビーで展示されているLPジャケット=神戸ハーバーランド

10万4800枚のレコードを持つ。阪神・淡路大震災で、神戸・須磨にあったラジオ関西本社社屋も被災し、レコードも大きな傷を受けたが、社員による懸命の"救出作戦"で生き残った。

　古いけれど懐かしい―。そんな音楽が団塊世代だけでなく若い人たちにも人気となっている。テレビCMに70年代の大ヒットナンバーが使われるのは、世代や時代も超えて聴く人に感動を与えるからだろう。

　そうした曲を、レコードの耳にも心にも優しい「あの音」で聴きたいという音楽好きが増えている。神戸にもレコードしかかけないジャ

ズ喫茶やロック・バーがある。

　ラジオ関西は「名曲・名盤レコードコンサート」と銘打った催しを、灘の「神戸酒心館ホール」や元町の「凮月堂ホール」、ハーバーランド・カルメニの「神戸新聞ギャラリー」などで開いてきた。スピーカーやターンテーブル、アンプ、そして主役のレコードの現物は持ち込みだ。お客さまは「こんなにいい音だったとは」「あのころが一気によみがえって涙が出た」と、一様に感激と感動を持って帰られる。

　LPレコードのジャケットは「30センチ四方のアート」といわれ、趣向を凝らしたデザインを眺めるだけでも楽しい。CDサイズでは決して望めないぜいたくだろう。ラジオ関西は、開局55周年記念として2006年秋にLPジャケット144枚を展示できるジャケットボードを作り、本社ロビーで常設している。

◇　　　◇

　次回からは、秘蔵のレコードを一枚ずつ登場させ、盤面に刻み込まれた思い出と演奏者や楽曲の横顔を紹介していく。"紙上コンサート"をどうぞお楽しみに。

（2010.5.10）

保管されているアナログレコード＝神戸市西区の神戸新聞西神制作センター

「ダイアナ」に成長の跡
ポール・アンカ

ポール・アンカ。1941（昭和16）年、カナダ・オタワ生まれ。「ダイアナ」を皮切りに「君は我が運命」「クレイジー・ラヴ」、映画「史上最大の作戦」の主題歌「ザ・ロンゲスト・デイ」などを自作自演し、

1957年にアメリカ「ABCパラマウント社」から出された貴重なアルバム

シンガー・ソングライターのはしりとなった。シャンソン曲に英語詩をつけてフランク・シナトラに提供した「マイ・ウェイ」は今では、スタンダードナンバーとして多くのアーティストが取り上げている。

「PAUL ANKA」と名づけられたジャケットに写っているのは16歳のポール。デビューレコード会社「ABCパラマウント」から57年にリリースされた貴重なアルバムで、ラジオ関西（当時はラジオ神戸）は直輸入盤として購入した。

この中にデビュー曲「ダイアナ」が入っている。米国では同時に

シングル発売され、2週にわたりヒットチャート1位に。900万枚を超える世界的ヒットとなり、ポールは世界のアイドルとなった。

　この「ダイアナ」、日本では、RCA社にレコード会社を移って吹き込み直したシングル盤として、64年に発売。バックのアレンジはほとんど変わらないが、「〜oh please Diana〜」と繰り返しながらフェードアウトしてゆく最後の最後で歌い方が少しだけ違っている。16歳の少年は素直に歌い、世界のアイドルとなった22歳は少し遊んでいる。6年間に身につけた自信と余裕のようなものが短いリフレインの違いに滲んでいる。

　デビュー翌年の9月に初来日し、東京、大阪で公演。来日中オフステージでは、あまり品行方正とはいえなかったとか。2008年、初来日から50周年を記念し東京でコンサートを開き、大きな喝采を浴びた。今でも、超大物のラスベガスアーティストとして活躍している。

（2010.5.24）

1964年に日本で発売されたシングル盤。RCA社に移った翌年に吹き込み直した。「君は我が運命」とのAB面カップリング盤

震災の被災者支える
S&G

　2008年冬のこと。姫路市西庄にある真宗大谷派圓正寺で、名盤に耳を傾ける機会に恵まれた。オーディオマニアである清水虔(めぐむ)住職のご好意による"試聴会"で、本堂に設置された音響設備のすごさに驚かされた。

10週連続で全米1位に輝いた「明日に架ける橋」のレコード

　スピーカーは米国製の「アルテックA4」(高さ2.5メートル、重さ250キログラム)で、アンプやプレーヤーもプロ仕様。試聴会は、元中学教諭でもある清水住職の教え子で、音楽通の米田徳夫・ヤマトヤシキ会長のお引き合わせによって実現した。

　ラジオ関西のレコード資料室から洋楽LP25枚を持参。驚いたのは、サイモンとガーファンクル(S&G)のライブアルバム「セントラルパーク・コンサート」に針を下ろした時だった。1981(昭和56)年9月、ニューヨークのセントラルパークに53万人を集めたチャリティ

ー・コンサートの模様を伝える2枚組みである。

　ピアノだけで始まる名曲「明日に架ける橋」の前奏で背筋に電気が走った。アナログ盤に蓄えられた豊かな情報はCD盤で再生できないとあらためて思うとともに、スクラッチノイズ（針音）も含めて「時間と感動の記憶」が含まれていると確信。不意に涙があふれそうになった。

　S&Gはデビュー以来3度来日し、日本のファンに計13回の素晴らしいライブを届けた。そして今年4月24日のニュー・オーリンズを皮切りに、カナダ・北米を回るツアーを始めた。

　ポール・サイモン、アート・ガーファンクルは41年ニューヨーク生まれの幼なじみで、64年にコンビを組んだ。70年発表の「明日に架ける橋」は全米1位を10週続け、グラミー賞を獲得し、全世界では1000万枚以上が売れた。

　そして、この名曲は阪神・淡路大震災後、ラジオ関西の電波を通じ、多くの被災者の方々に勇気を与え続けた一曲でもある。

（2010.6.14）

ライブアルバム「セントラルパーク・コンサート」

レコードの音似合う街
こだわりの店

神戸はレコードの音が似合う。独断と知りつつそう思う。レコードしかかけないというこだわりの喫茶店や酒場も多い。

ジャズ喫茶「JAMJAM」でレコードを背にした池之上さん=神戸・元町

ジャズ好きの間で有名な元町のジャズ喫茶「JAMJAM」もその一つ。ビルの地下、小学校の教室ほどの明かりを落とした空間に足を踏み入れると、米国製「UREI(ウーレイ)813BX」スピーカーから流れる重厚な音に圧倒される。

マスターは池之上義人さん。棚に並べられた4千枚のジャズ・レコードを背に、アンプとプレーヤーの前に立つと実にさまになる。「好きなレコードに針を落とすと、一瞬にして心のスイッチが入るんです。何だか体温も2、3度上がる感じ。商売と思っていたらやれませんね」

ゆったりとしたソファ・チェアでジャズの名盤を聴く―。レコードだ

けが持つ厚みのある音に満たされた非日常がある。

「この一枚、といわれたら、やはりコルトレーンの『至上の愛』かなあ」。池之上さんの体温は間違いなく2度ほど高そうだった。

♪　　　♫

阪急三宮駅から少し北の「BAR LAYLA(レイラ)」は、小さな隠れ家といった感じの音楽バー。ジャクソン・ブラウンやザ・バンド、ニール・ヤングといった米国西海岸系のフォーク・ロックが満ちる。

「ママ」より「レイラさん」と呼ぶ方が似合う貞松厚子さんは、幅広い音楽を聞き込み、膨大な知識と体験の持ち主。好きなアーティストの曲をかけ、お酒を作り、客と楽しげに語り合う。お手伝いの若い女性に、レコードへの針の下ろし方を教える姿がほほ笑ましい。

「JAMJAM」「BAR LAYLA」などで聴く音楽は、単にコーヒーやウイスキーに添えられたBGMではない。レコードの音にしかない不思議な幅と深みを存分に味わう場所。"神戸のおしゃれ"は、このあたりにもある。

(2010.7.12)

「BAR LAYLA」で、好きな音楽について話すレイラさん=神戸・三宮

「共有」したいシングル盤
心の遺産

ラジオ関西が所蔵する10万4800枚のレコードのうち、シングル盤(EP、ドーナツ盤など)は邦・洋楽合わせて6万3260枚(うち洋楽は2万2520枚)に達する。現在、ラジオ関西本社レコード資料室に保管。

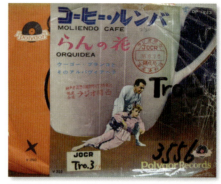

昭和36年にヒットした「コーヒー・ルンバ」のシングル盤。電リクでもよく流れた

音楽史の重みを刻んだ貴重なものの中から、2枚に針を下ろした。

「コーヒー・ルンバ」は西田佐知子らの歌でヒットしたが、本家本元はウーゴ・ブランコの演奏。ジャケットには「昭和36年6月」の音楽資料課の検印がある。分類シールの「Tro」は「Tropical」の略。ラジ関は当時、いわゆるラテン音楽をタンゴ、トロピカル、ムードの三つに分類していた。

パラグアイの民俗楽器アルパ(小型のハープ)が独特の音とリズムを刻み、まさに「Tro」そのもの。この曲、タイトルは「ルンバ」だが、実はパラグアイ独特の「ポルカ」のリズムなのだ。

「オンリー・ユー」といえばプラターズの専売特許のような一曲だが、「ヒルトッパーズ」（ジミー・サッカをリード・ボーカルとする白人3人のコーラス・グループ）が歌う同曲も、プラターズと同じ1955年、米国でヒット。プラターズのトニー・ウィリアムスの歌に比べ、少しおとなしい感じがするが、きれいなハーモニーが聴ける。後にメンバーとなるビリー・ヴォーンがバックに参加している。知る人ぞ知る貴重な一枚だ。

　どういうわけか、ジャケットは無くなっており、当時のスタッフが、ポスターの裏紙を使って手作りしている。右下に鉛筆書きで《「オンリー・ユー」を歌っているヒルトッパーズのレコードはこれしかない》というメモがある。小さく添えられたサインから、独特の語り口で電リクでも活躍された斉藤邦雄アナのものと分かる。

　ラジ関には宝のようなレコードが多い。他局では廃棄処分されているとも聞く。レコード資料室に入るたびに、この「心の遺産」と呼べるものを、もっともっと放送を通じて広くリスナーと分かち合えたら、という強い思いにとらわれる。

（2010.7.26）

昭和35年のシングル盤「オンリー・ユー」。ジャケットは紛失し、手作り。日本では数少ない貴重な一枚

タンゴの響きに魅せられ
名盤中の名盤

　月に何度か神戸市西区に足を運ぶ。神戸新聞の印刷工場などが入るビルで、中学校の教室ぐらいの一室に、ラジオ関西所蔵のLPレコード3万1540枚を保管する。阪神・淡路大震災後、全壊した同市須磨区にあった旧ラジ関本社の

アルゼンチン・タンゴの名盤。「ラ・クンパルシータ」「エル・チョクロ」などの名曲が収録されている

レコード室に可能な限り近い形で整理した。

　「Tan」と分類されたスチール棚には、歳月を経た「タンゴ」のLP480枚が静かに並ぶ。左端、最も古いものの中から1枚を抜き出す。「フランシスコ・カナロ・ベスト・タンゴ」。1961(昭和36)年1月の検印がある。タンゴのLPで最古の一枚だ。

　A面1曲目は「ラ・クンパルシータ」。20世紀初めに発表されたアルゼンチン・タンゴの名作。「タンゴの王者」といわれたフランシスコ・カナロ(指揮者・バイオリニスト・作曲家。1888～1964年)率いるオルケスタ・ティピカ(バイオリン、バンドネオン、ピアノ、コントラバスによる演奏という編成形態のこと)の、これぞタンゴという演奏が

よみがえる。

　アルゼンチンの首都ブエノスアイレスの港町ラ・ボカ地区から始まったとされるタンゴ。50年も前に作られたただの塩化ビニール製円盤に刻まれた細い溝から、鋭いスタッカートでリズムを刻むバンドネオンの音が立ちのぼってくる。

　B面に移ると、カナロ自身の作「アディオス・パンパ・ミア（さらば草原よ）」、ファン・フィリベルトの名作「バンドネオンの嘆き」、そして「キッス・オブ・ファイア」という英詞がついてアメリカでも大ヒットした「エル・チョクロ」と続く。素晴らしい音楽を聴いたときに生まれる、背筋がゾクッと寒くなるような感動が襲ってくる。

　マランドやアルフレッド・ハウゼのような洗練されたヨーロッパのコンチネンタル・タンゴにも名曲は多い。素晴らしい音楽に甲乙はない。しかし「タンゴ」となると、総本家はやはりアルゼンチンと分かる。レコードコンサート、放送などで、多くの人にぜひ再び耳にしていただきたい名盤中の名盤だ。

（2010.8.9）

保管されている3万枚あまりのLPレコード＝神戸市西区

浮かぶ青春の名シーン
映画音楽

　ラジオ関西「電リク」の初期の名物DJ、いソノてルヲさんの名言。「初恋のころに聞いて心を揺さぶられた音楽が、その人の一生を支配する」

　1965（昭和40）年。高校1年の夏休み、いソノさんの言葉通りの経験をし

映画「サウンド・オブ・ミュージック」のサントラ盤LP

た。ジュリー・アンドリュース主演で世界的なヒットとなったミュージカル映画「サウンド・オブ・ミュージック」を7回見た。

　映画冒頭、雄大なアルプスを背景に主人公マリア役のアンドリュースが振り向きざま、さっと両手を広げて主題曲を歌いだす。このシーンの感動だけは、45年たった今でも鮮烈に思い出す。誰もがそんな忘れがたいミュージカル映画や、その中の歌の思い出をお持ちではないだろうか。

　「シェルブールの雨傘」「マイ・フェア・レディ」「ウエスト・サイド物語」…。使われた音楽には、後にスタンダードナンバーになった名曲も多い。

ラジ関のレコード資料室には、MOV（ムーヴィーの略）で分類された映画音楽のシングルレコード2080枚とサウンドトラック盤LP185枚がある。LPの30センチ四方のジャケットにある名場面の写真、大きな解説ブックレットに書かれたあらすじや、原語で書かれた歌詞、スターたちの横顔…。小さなCDに織り込まれた解説書では決して味わえないもう一つの映画館がそこにはある。

　「サウンド・オブ・ミュージック」のロバート・ワイズ監督はこの映画でアカデミー監督賞を獲得。61年にはジェローム・ロビンスと共に監督・制作を務めた「ウエスト・サイド物語」でも同じ賞を受けている。作曲のリチャード・ロジャースと作詞のオスカー・ハマースタイン2世は、「オクラホマ!」「回転木馬」「南太平洋」を作った名コンビ。このサントラ盤LPは日本でも大ヒットした。

　「サウンド・オブ・ミュージック」「私のお気に入り」「エーデルワイス」などは、今でも"ソラ"で歌える。もう一度、映画館の大画面でジュリー・アンドリュースに、いやマリアに会いたい。

（2010.8.23）

映画「ウエスト・サイド物語」のサントラ盤LP

アナログ文化脈々と
中古店

今、レコードがどうなっているのかが気になり、神戸市内の中古レコード店を回った。

JR元町駅西口から西に向かって「モトコータウン」という"ガード下商店街"が延びる。

中古レコード店「ダイナマイト」の店内1万枚のレコードのほか、CDやDVD、ギターなどが並ぶ＝神戸・元町

古書店、骨董店、おしゃれなブティックありと、表通りとは一味違う神戸がある。中古レコード店「ダイナマイト」は、モトコー2番街にある。

CD、DVD、ギターまで置く。お店の方に話を聞いた。「レア物を探す"マニア・コレクター派"の若い世代と"もう一度レコードを聴きたい派"の中高年世代に分かれる」とのこと。「LPではジャケットに"宣伝巻き帯"が付いていれば値段が跳ね上がるんです」とか。"コレクターの世界"を垣間見た。

1万枚はあるというレコード。"レア物"シングル盤を見せてもらった。ドアーズ「ハートに火をつけて」に3780円、ビートルズ「ハード・

デイズ・ナイト」の4曲入りEP盤に1万4800円という値札が付いているのを見て、文字通り言葉を失った。

♪　　　♫

「りずむぼっくす」は、中古レコード専門店の老舗。竹原高男社長によると、1980年に大阪の近畿大の近くに開いた5坪の店でスタートしたという。「まるで箱のような小さな店でした」とか。今ではフランチャイズ店を含めて、神戸を中心に展開する。

「レコード全般、特にジャズに関しては生き字引みたいな男がいるんです」と紹介されたのが、三宮イースト店店長の渡辺吉男さん。彼と話をしたくて店に来る常連客も多いという。

そんな話をしていると、レジカウンターに30枚ほどのLPをドンと置いた男性客がいた。神戸の人で目下青森に単身赴任中の55歳。仕事で神戸に帰るたびに大量に買って帰り、青森の単身の住まいで大音量にして聴くという。

中古になってもレコード文化は連綿と生き続けている。うれしい光景に出合えた。

(2010.9.13)

中古レコード店「りずむぼっくす」の竹原社長（右）と渡辺さん。2人とも1947年生まれ、レコードで育った団塊第1世代＝神戸・三宮

プレーヤー6台　現役
機器

　ラジオ関西は、10万枚のレコードという貴重な音楽資産を、「過去のモノ」とはしていない。現在6台のアナログレコード・プレーヤー（日本コロンビア製2連式ターンテーブル1台、単連式5台）が、現役で働いている。生放送用のメーンスタジオのほか、四つある録音スタジオでもレコードをかけることができる。

「R305」の愛称でプロの放送マンに親しまれたスタジオモニター・スピーカー

　一方、CDやMDなどのデジタル素材は当然のこと、コンピューターに蓄積されたさまざまなファイルを即座に放送する最新鋭の機器と技術を導入していることは言うまでもない。

　ほとんどの音楽素材をCDに切り替えてしまった全国の民放局の中で、デジタルとアナログ両素材に対応している局は、数少ないのではないか。

　さらに、あの感動をよみがえらせていこうという姿勢は、大切に維

持保管されているスピーカーにも表れている。

「R305」と呼ばれているスピーカーがそれで、背面にある金属製の銘板を見ると「R305形モニタースピーカ」(三菱電機。昭和42年4月製造)となっている。「型」ではなく「形」、「スピーカー」ではなく「スピーカ」となっているあたり、どこか"職人技"を感じさせる。

オーディオに詳しい人たちの間では「アール・さんまるご」というだけで通じる名器。放送局のスタジオモニター用として作られているため、癖のない自然な音を出す。いまは現役を離れているが、各地でアナログレコード・コンサートをするときは必ず会場に持ち込み、お客さまに、耳だけでなく心まで包み込んでくれるような優しい音を楽しんでいただいている。

いまも、ラジオ関西では「名曲ラジオ三浦紘朗です」のようにアナログ・レコードがかかる音楽番組がある。

DJの個性豊かなしゃべりとともに、現役レコード・プレーヤーのターンテーブルはいまも回り続けている。

(2010.9.27)

いまも現役として働き続けているレコード・プレーヤー＝いずれも神戸市中央区のラジオ関西

なぜか涙がにじむ音楽
ルイ・アームストロング

今回からジャズのレコードを紹介する。ラジオ関西は、1952（昭和27）年の開局以来、日本初の「電話リクエスト」などの音楽番組を通じ、「ジャズの街＝神戸」という歴史の一翼を担ってきた。

レコード「ルイ・アームストロング傑作集　第4集」（東芝オデオン　OR8005）

「まずはサッチモに会おう」と、1万枚を超すジャズ・レコードがある資料室へ。ルイ・アームストロングはサッチモの愛称で世界中の音楽ファンに親しまれ、愛された。多くのミュージシャンにも慕われ、ジャズの歴史に大きな足跡を残したジャズ界最大の巨人だ。「上流社会」「5つの銅貨」「ハロー・ドーリー」など数多くの映画にも出演し、一般にも人気を博した。53、63、64年に来日し、日本の音楽ファンを魅了した。

「ルイ・アームストロング傑作集　第4集」（28年録音SPのLP復刻盤）をレコード棚から引き出す。「ウェスト・エンド・ブルース」「タイ

ト・ライク・ジス」「セイント・ジェームス病院」と、20年代後半のサッチモ絶頂期の音楽が聞ける。日本のジャズ評論界の第一人者で、ジャズの啓発と普及に尽くされた故油井正一氏は「こんなにも美しく感動的なレコードを手放すことは絶対にできない」と称賛した。

　もう一枚は「ルイ・アームストロング　プレイズ　W・C・ハンディ」と題された輸入盤。「昭和30年4月」のラジオ関西の検印がある。「セントルイス・ブルース」の作者ウイリアム・クリストファー・ハンディの作品ばかりを演奏している。力強いトランペットと、心の底から勇気づけられるようなボーカルを聞かせてくれる名盤だ。

　極めつきは、やはり「セントルイス・ブルース」。8分50秒。女性ジャズ・シンガー、ベルマ・ミドルトンとの掛け合い。温かい気持ちになりつつも、なぜか涙がにじんでくる、としか言いようのない感動がひろがる。

　ふと、資料室の陰から、あのがまぐちを大きく開けて、だみ声で「Oh! Yeah!」と叫ぶサッチモが現れた、ような気がした。

（2010.10.25）

レコード「ルイ・アームストロング　プレイズ　W・C・ハンディ」
（輸入盤　COLUMBIA　CL591）

カーネギーに乗り込む
キング・オブ・スイング

1938（昭和13）年1月16日は、ジャズ史上最も重要な一日だ。場所はクラシック音楽の殿堂として名高い、ニューヨークのカーネギーホール。その夜、クラリネット奏者で「キング・オブ・スイング」と呼ばれたベ

アルバム「ベスト・オブ・ベニー・グッドマン」（東芝キャピトル 2LP 158）

ニー・グッドマン（B.G.）が中心となって、初めてジャズのコンサートが開かれた。

ラジオ関西にそのライブ盤がある。「CARNEGIE HALL JAZZ CONCERT」と名付けられた2枚組みの輸入盤LP。おなじみの「その手はないよ」が始まった途端、不思議な感動にとらわれる。

ハリー・ジェイムス、ジーン・クルーパ、カウント・ベイシー、テディ・ウイルソン、ライオネル・ハンプトン、ボビー・ハケット、ジョニー・ホジス、レスター・ヤング、バック・クレイトン…。演奏者のほとんどが、

ジャズ史に名を残す超豪華な顔ぶれだ。彼らが13分52秒にわたってジャム・セッションする、ファッツ・ウォーラーの名曲「ハニーサックル・ローズ」は、圧巻の一曲。

ラスト曲は「シング・シング・シング」。「なんか元気が出るなあ!」と、聴きながら何度もつぶやいてしまう。ライナー・ノーツに面白いことが書いてある。本番前日にスタッフから「途中、休憩時間はどのぐらいにしたらいい」と聞かれたB.G.。「分かんないよ。トスカニーニはどれぐらいとるの?」と答えたという。クラシックの牙城に乗り込んだ、当時28歳のB.G.の気負いと自信がにじむ。

ライブ盤とは違う一枚は「ベスト・オブ・ベニー・グッドマン」。昭和36年5月購入の検印。「レッツ・ダンス」「サヴォイでストンプ」「メモリーズ・オブ・ユー」などB.G.の大ヒット曲が収められている。

紙のジャケットがボロボロになっている。電話リクエストなどで頻繁に使われた証拠だ。文句なしのウキウキ感。久しぶりに身も心も"スイング"した。

(2010.11.8)

アルバム「CARNEGIE HALL JAZZ CONCERT」(輸入盤 COLUMBIA OSL—160)

ゆっくりと酔わす歌声
ビリー・ホリデイ

アルバム「奇妙な果実」(キングレコードSLC441〈M〉)

　ジャズ史上最高の名歌手といわれ、聴衆に一切こびることのない淑女然とした態度から「レディ・デイ」と呼ばれたビリー・ホリデイ。ラジオ関西は、全集ものを含めて彼女のシングル1枚とLP50枚を所蔵する。歌声に浸ると同時に、彼女の自伝「奇妙な果実」を読み返した。

　1915年4月7日、米国生まれ。サッチモやベッシー・スミスを聴きたいばかりに、9歳のころから蓄音器のある近所の売春宿に出入り。その後感化院に送られ、14歳で母親のいるニューヨークに移住したが、15歳の冬に家賃が払えず母娘で冷たい路上に放り出された。職を求めて飛び込んだハーレムのナイトクラブで、勧められるままに歌った「トラヴェリン・オール・アローン」が居合わせた人々に大きな感動を呼び、ジャズ・シンガーの道を歩み始める。

　だが栄光の陰で満たされない恋に悩み、麻薬の誘惑と闘い、何よりも激しい人種差別に苦悩。59年7月17日、ニューヨークのメトロ

ポリタン病院で、44年間の駆け抜けるような生涯を閉じた。

　レコードを聴きながら自伝を読むと「これほどの苦悩と悲惨な人生を送った人が、なぜこんなに感動を与えてくれるのだろう」と、あらためて胸を打たれる。

　アルバム「奇妙な果実」は全盛期の代表作だ。リンチでポプラの木につり下げられた黒人を果物に例えて歌うタイトル曲。怒りを極端に抑え、ルイス・アレンの詩の一言一句を淡々と祈るように歌う表現の深さ。この人ぐらい「詞」を大事にしたジャズ・シンガーはいないのではないか。

　アルバム「Lady in Satin」では、レイ・エリスの美しい弦楽アレンジと女性コーラスをバックに、ビリーが選んだ一曲一曲を語るように歌う。テーマはすべて「愛」について。晩年の絶唱ともいえる一枚。白いクチナシの花を髪にかざして歌う姿を、生で見たかった。

　「レディ・デイ」は日本酒に似ている。ゆっくりと酔わせ、確実に利いてくる。しかも宿酔いが恐ろしい。

（2010.11.22）

アルバム「Lady in Satin」（輸入盤　COLUMBIA CL1157）

古くもかび臭くもない
モールディ・フィグ？

　ジャズ発祥の地アメリカに「モールディ・フィグ（Moldy Fig）」という言葉がある。直訳すると「腐ったイチジク」。モダン・ジャズ系のファンが、古いディキシーランド・ジャズ・ファンを指して「かび臭い陳腐なコチコチ頭」と、さげすみを交えて呼ぶ

アルバム「ヘレン・メリル・ウイズ・クリフォード・ブラウン」（マーキュリー　SM―7257M）

ときに使うスラングだ。一昔前のジャズしか認めない堅物ファンのこともそう呼ぶようだ。

　ラジオ関西収蔵の1万枚を超えるジャズ・レコードを眺めていて、この言葉を思い出した。ラジ関はモールディ・フィグ御用達なのだろうか、と。そんなことはないと「ヘレン・メリル・ウイズ・クリフォード・ブラウン」（1954年12月録音）と「レフト・アローン」（59年12月〜60年録音）を引っ張り出した。

　日本のジャズ・ファンに最も人気があるといわれる名盤。共に半世紀も前の録音なのに、古くもかび臭くも陳腐でもない。

「ニューヨークのため息」と言われたヘレン・メリルの歌うコール・ポーターの名曲「ユード・ビー・ソー・ナイス・トゥ・カム・ホーム・トゥ」は、クリフォード・ブラウンの絶品のトランペット・ソロが支える。ヘレンの名声を決定付けた絶唱だ。アルバムには「ドント・エクスプレイン」「ワッツ・ニュー」「イエスタデイズ」といった名曲も収められている。ジャズファンならずとも、眉間に皺を寄せて歌うヘレンの表情をとらえたジャケット写真をご存知の方は多いだろう。

　ビリー・ホリデイが作詞し、マル・ウォルドロンが作曲した「レフト・アローン」。亡きビリーがそこに立っているようにマルはピアノを弾き、ジャッキー・マクリーンはビリーが歌うようにアルト・サックスを吹く。「一人残されて」という曲名どおり、マルの、亡きビリーへの追慕の思いが溢れている名品だ。

　聴くたびに新たな感動をもらえる。素晴らしい音楽にジャンルも時代もない。モールディ・フィグなんてあり得ない。レコードを大事にしているラジオ関西を、あらためて誇りに思えた。

（2010.12.13）

アルバム「レフト・アローン」（東芝・ベツレヘム・シリーズ　HV3018）

モールディ・フィグ？ | 31

叙情的な演奏に酔う
寒い季節に聴きたい曲

　寒い季節になぜか聴き返してみたくなるジャズ・アルバムがある。キャノンボール・アダレイの「サムシン・エルス」と、ジョン・コルトレーンの「バラード」だ。

　「サムシン・エルス」はシンプルなジャケット写真も含め、知らないジャズ・ファンはいないだろう。

アルバム「サムシン・エルス」（BLUE NOTE1595 輸入盤）

　A面の1曲目がシャンソンの名曲「枯葉」。マイルス・デイビスによるミュート・トランペットの詩情豊かでクールなソロ演奏。かぶさってくるキャノンボール・アダレイのアルト・サックスは、枯れ葉が舞い上がり舞い落ちるように、華麗だ。ハンク・ジョーンズのピアノ、サム・ジョーンズのベース、そしてアート・ブレイキーのドラムスが、マイルスとキャノンボールのリリシズム溢れるソロを支える。

　何度聴いても背筋がゾクッとする。録音は1958年。このブルーノート・レーベルのオリジナル輸入盤が、歴史的名盤と言われている

ことにあらためてうなずく。

　もう一枚の「バラード」はコルトレーンが、名曲「この素晴らしき世界」の作詞・作曲者として知られる音楽プロデューサー、ボブ・シールの協力を得て、62年に発表した。タイトル通りにバラードのスタンダード・ナンバーばかりを集めている。

　中でも「セイ・イット」「ワッツ・ニュー」は絶品。別のアルバム「至上の愛」で聴けるような激しくブロウするコルトレーンではなく、バラードの名品が持つ本来のメロディーに忠実だ。「音楽は人間の心の表現、あるいは人間そのものの表現」と語ったコルトレーンのひたむきな歌心があふれている。

　20世紀ジャズの巨人と言われ、40歳で早逝するまで、彼のアルバム名にあるとおり「ジャイアンツステップ」を残した。日本でも熱狂的なファンが多い。

　寒くなると、この2枚を聴きたくなる理由。それは「凛とした空気のようなリリシズム（叙情的な詩風）」なのだと気付く。お酒がほしくなった。今夜はウイスキーだ。

（2010.12.27）

アルバム「バラード」（IMPULSE! MONO　A—32 輸入盤）

愛と人生　歌う短編小説
エディット・ピアフ

　ラジオ関西のレコード資料室には、シャンソンの「cha」で分類されているのは、LPで760枚、EPで280枚と意外に少ない。ただシャンソンにはボーカルが付きものだから、「vo」（ボーカル入り）の分類分を合わせると約1500枚あるのではないか。

アルバム「アズナヴール・ア・トウキョウ（実況録音盤）」（キングレコード　SR221）

　エディット・ピアフ（1915〜63年）とシャルル・アズナヴール（24年〜）のアルバムを選んだ。

　「ピアフ」は「スズメ」という意味の俗語で、本名はエディット・ジョヴァンナ・ガシオン。サーカス芸人の父と、大道歌手の母の間に生まれた。少女のころから義妹シモーヌ・ベルトーと下町の街角で歌い、投げ与えられるコインを拾って生計を立てたという。

　シモーヌが書いたピアフの伝記には赤裸々な人生がつづられる。裏町や場末でのその日暮らし、男出入りといっていいような乱れた恋愛。嫉妬、虚栄、絶望、別離、そして死。

代表曲「愛の讃歌」をタイトルとした3枚組みに針を下ろすと、力の限りの歌声が響く。「バラ色の人生」「愛の讃歌」「パダン、パダン」…。ただの小粋なシャンソンを歌う歌手ではなく、街角を生き抜いた最後の現実派歌手といわれ、世界の人々が彼女をたたえた理由が分かる。

　ピアフは恋をした男たちを自己流に育てたといわれている。アズナヴールもその一人。68年に初来日した時のライブ・アルバムを聞く。

　歌うというより語るといった方がいいシャンソンの、しかもライブの魅力が味わえる。街角の陰に隠れて元彼女と別の男との語らいを眺め、自らの恋の終わりを知る「街角の瞳」など、思わずわがことのように聞き入ってしまう。そして、貧しい画学生時代の青春を歌うシャルル自身の作曲による名曲「ボエーム」。

　歯切れのいいフランス語が美しい。歌詞シートの対訳と首っ引きで聞き入ってしまう。シャンソンとは歌う絵画であり、歌う短編小説だと、つくづくと思った。

（2011.1.24）

3枚組みアルバム「愛の讃歌」（東芝EMI EOS67001〜3）

「白盤」に刻み込まれた
水先案内人

ラジオ関西所蔵のレコード10万4800枚のうち、シングル盤と呼ばれるのは6万3260枚。そのうち2万2520枚が洋楽盤だ。

ジョニーとハリケーンズの大ヒット曲「レッド・リヴァー・ロック」、「情熱の花」で世界の歌姫となったカテリーナ・ヴァレンテの「チャオ・チャオ・バンビーナ」を手に取った。ジャケット上の検印は1960年(昭和35年)。ラジ関の斉藤ヒデオ・アナウンサーが電リク黄金時代を築いた時期に重なる。

ヒットの先駆けとなった発売前の見本盤レコード(白盤)

針を下ろすと、プツプツというスクラッチ・ノイズが聞こえる。放送局では、シングル・レコードを便利な素材として酷使した時代があり、リクエストの多い曲は、細心の注意で扱っていても、傷がつくことがあった。

「ラジ関でかかるあの曲のレコードにはツー・コーラス目の最初に小さな傷がある。そのノイズを聴くと、いつものレコードだなと思う」という話を、リスナーからうかがったこともある。

今では多くがCD盤で復刻され、インターネット上で耳にすること

もできる。ただレコードの良さは、ノイズや擦り切れ音も含め、聴く者をラジオで聴いた思い出の世界に連れて行ってくれることではないだろうか。

　一方、ほとんど手に入れることのできないレコードも多い。映画「サヨナラ」で東洋人として初めてアカデミー助演女優賞を獲得したジャズ・シンガー、ナンシー梅木が歌う「サヨナラ」、マントバーニ管弦楽団が演奏する「魅惑の宵」、ポール・アンカの貴重なデビュー・シングル「ダイアナ」。

　通称「白盤」と呼ばれていた見本盤レコードばかり。レコード会社が日本での発売前にラジ関に持ち込み、本邦初公開のような形で放送された。

　たかだか直径17センチのシングル・レコード。だが、そこに刻み込まれた素晴らしい音楽が、神戸のモダンな音楽文化の一翼を担った。まさに耳の肥えたラジ関リスナーを育てた音楽の水先案内人だった。

（2011.2.14）

レコード資料室の洋楽シングルレコード棚＝ラジオ関西

歳時記の役割果たす
季節の定番曲

開局した1952（昭和27）年から25年間続いた「ラジオ関西電話リクエスト」には、「季節の定番曲」があった。その時々にラジオから流れる洋楽は、いわば季節を感じさせる歳時記の役割も果たしていた。

電リクで、早春の定番曲だったシャドウズの「春がいっぱい」

2月は「マイ・ファニー・バレンタイン」（チェット・ベイカー）、若葉の季節には「若葉のころ」（ビージーズ）や「6月は一斉に花咲く」（映画「回転木馬」から）だ。

季節が移り、梅雨時は「悲しき雨音」（カスケーズ）、夏は「夏の日の恋」（パーシー・フェイス・オーケストラ）、秋は「枯葉」（イヴ・モンタンやナット・キング・コール）。

そして冬は「白い恋人たち」（フランシス・レイ）、年末には「故郷に帰りたい」（ジョン・デンバー）や「世界は日の出を待っている」（レ

ス・ポールとメリー・フォード)。どの季節も挙げればきりがない。

　冷たい風にもふと春を感じるような、ちょうど今の季節、電リクでは早々と「春がいっぱい」(シャドウズ)のリクエストが舞い込み始めていたことを思い出す。

(2011.2.28)

2010年12月に開催したレコード・コンサートの様子＝神戸新聞松方ホールホワイエ

モダンな音楽センス
番組テーマ曲

ラジオ関西レコード資料室には阪神・淡路大震災を生き延びたレコード10万4800枚が大切に保管されているが、他にも貴重な資料がある。背表紙に「JOCRテーマ集」と銘打たれたボロボロになった黒い4穴バインダーがそれ。歴代の主要番組の前や後のテーマ音楽に何を使ってきたかを記録したノートだ。

「歌声は風に乗って」の初代テーマ曲「ピチカート・ポルカ」が入っているパーシー・フェイス・オーケストラのアルバム「ケアフリー」

薄茶色に変色したページには、懐かしい番組名とともに、使われたテーマ音楽のタイトルが演奏者とともに手書きで書き込まれている。担当者が直接書き込んだため筆跡が異なり、ひと目で誰だと分かる懐かしい文字も多い。これは「もうひとつのラジオ関西小史」だ。

「放送終了時のお知らせBGM」と書き込まれた音楽は、ザ・ブラウンズが歌った「夢の枕を」(センド・ミィ・ザ・ピロウ・ユー・ドリーム・オン)というカントリー・バラードの名曲。ラジオ関西の最長寿番組

「歌声は風に乗って」の前後テーマ音楽はパーシー・フェイス・オーケストラの「ピチカート・ポルカ」だ。出だしの音を聴けば「あ、あれか」と思われるファンも多いのではないか。この名物テーマ曲は1994（平成6）年の春まで使用された。

　「電話リクエスト」は、前テーマがホーギー・カーマイケルの名曲「スターダスト」（ロイ・エルドリッジのトランペット）で、後テーマは「恋人よおやすみなさい（アウフ・ヴィーダーゼン・スイート・ハート）」（レス・バクスター楽団とコーラス）。この2曲、当時は手に入りにくかった輸入盤だったせいか、他局が追随して同様の電リク番組を始めるとき、ラジオ関西に使用許可と貸し出しを求めてきたという話も聞いた。

　ボロボロになったバインダーを見れば、当時のラジオマン（ウーマン）たちが、テーマ音楽といえどもないがしろにしなかったことがよく分かる。ハイカラでモダンな音楽センスの持ち主ばかりだった先輩ディレクターたちの顔を思い浮かべながら、刻まれた歴史にあらためて思いをはせた。

（2011.3.14）

放送終了告知のBGMとして1992年まで使われた「夢の枕を」（ザ・ブラウンズ）が入ったオムニバス・アルバム「12 BIG ONES」

優しく温かいシャウト
偉大なシンガー

レイ・チャールズが無性に聴きたくなり、レコード資料室に入った。米国の老舗音楽雑誌「ローリングストーン」誌が2008年、編集者や著名なミュージシャン、レコード関係者らの投票によって選んだ「史上最も偉

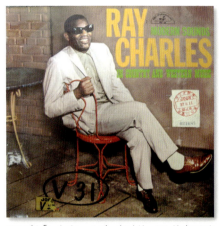
アルバム「レイ・チャールズ　カントリー・アンド・ウエスタン・ソングを歌う」

大なシンガー100人」では、1位のアレサ・フランクリンに次ぐ2位だった。

3位以下はエルビス・プレスリー、ジョン・レノン、ボブ・ディラン、オーティス・レディング、スティービー・ワンダーと、そうそうたる超ビッグネームが並ぶ。「ソウルの神様」と呼ばれたレイがいかに尊敬されているかが分かる。

アルバム「レイ・チャールズ　カントリー・アンド・ウエスタン・ソングを歌う」(1962年8月発売)は、黒人音楽のリズム&ブルースを歌っていたレイが白人音楽のカントリー&ウエスタンばかりを自ら選

曲。当時所属のレコード会社「ABCパラマウント」は、黒人ファンの反発を恐れて制作を断念させようとしたという。

ところが、この中で歌った白人ウエスタン歌手ドン・ギブソンの代表作「愛さずにいられない」が、ヒットチャート業界紙「ビルボード」の62年の年間ナンバーワンとなり、生涯最大のヒット曲となった。

「旅立てジャック」「わが心のジョージア」「アンチェイン・マイ・ハート」と数々のビッグヒットを残したが、極め付きはやはり「愛さずにいられない」だろう。黒人独特のリズム感でシャウトする歌声は、いつもどこか優しく温かい。何度も聴くうちに胸が震えてくる。

遺作となった04年のCDアルバム「ジーニアス・ラブ〜永遠の愛」の中に、エルトン・ジョンとのデュエット「悲しみのバラード」という名曲がある。「もし、雷が僕を貫いたら、君をどう守ればいい？ …もし朝起きて君がいなかったらどうしたらいい？」と絶唱するレイは、紛れもなく「史上最も偉大なシンガー」の一人だ。

(2011.4.25)

シングル「愛さずにいられない」(1962年7月発売)

摩訶不思議な曲に変貌
冗談音楽

ラジオ関西所蔵の10万枚以上のアナログレコードの中にはユニークなものも多い。その最たるものが、1940〜50年代にかけて米国で大活躍し「冗談音楽の王様」の異名を持つスパイク・ジョーンズの作品。

アルバム「スパイク・ジョーンズ・大傑作大会」(1961年、ビクター)

「スパイク・ジョーンズ・大傑作大会」(スパイク・ジョーンズとシティー・スリッカーズ)は何度聴いても笑ってしまう。

有名なロッシーニの歌劇の「ウィリアム・テル序曲」。誰もが知っているあのメロディーで曲が静かに始まる…と、突然フライパンの音、ガラガラやラッパの音、果ては早口英語の競馬実況まで入って大ドタバタ音楽となる。彼の手にかかると、おなじみの名曲も摩訶不思議な音楽に変貌する。

30年代にビクター・ヤング楽団のメンバーとなり、ビング・クロス

ビーとも共演。音楽的素養は持った上でそれを破壊し、「笑い」と「音楽」を結合した。日本では「フランキー堺とシティー・スリッカーズ（スパイクのバンド名と同じ）」や「ハナ肇とクレイジーキャッツ」らに大きな影響を与えた。名盤の一つといえるのではないか。

　もう1枚は「ケネディと歌おう」。アイゼンハワー、ニクソン、ケネディといった米国の元大統領の演説テープから肉声を編集で引き出し、それにコーラスと音楽を加えて一曲の音楽にしたというもの。

　中でも「ビギンで行こう」（63年の暗殺後、「自由の賛歌」というタイトルでシングル発売）は61年のケネディ大統領就任式の歴史的演説から肉声が抜き出され、まるでケネディとコーラス隊が一緒に歌っているように聞こえる。何度聴いても引き込まれ、感動する。

　「宇宙を探検しようではないか。成し遂げられるとは限らない。われわれの生きている間は無理かもしれない…でも、始めようではないか」。あの声が見事なコーラスに乗って聞こえる。久々に、背筋がゾクッとする一曲と再会した。

（2011.5.23）

アルバム「ケネディと歌おう」（1963年、ビクター）

貴重な6枚のヒット集
デッカ・レコード

「デッカ・レコード」というと、洋楽ファンには懐かしいレコード会社名だと思う。もともとは英国のレコード会社で、クラシック系のレコードを多く出している。この子会社として1934年に設立され、後に独立したのが

アルバム「デッカ　オリジナル・ヒット・レコード第1集」

「アメリカ・デッカ」で、ジャズやポピュラー音楽の大ヒットメーカーとして世界中の音楽ファンに支持された。

　ラジオ関西レコード資料室に、このアメリカ・デッカが創立以来のオリジナルヒット曲だけを集めた貴重なLPがある。「音楽は廻(まわ)るオリジナル・ヒット・レコード」と題された6枚シリーズ。スイングジャズ黄金期の30年代後半からロックンロール全盛期の50年代後半までのヒット曲が時代順に12曲ずつ収められている。

　検印を見ると、昭和35（1960）年の8月から11月にかけて1枚ずつ買いそろえられたことが分かる。昭和35年といえば、ラジオ関西

電話リクエストの黄金時代。初代の小山美智子アナから玉井孝アナ、そして乙川幸男アナと続いた担当が斉藤ヒデオ・アナに引き継がれて2年目にあたる。

　当時、この6枚シリーズは貴重であると同時に、すこぶる便利な「放送素材」だったのではないか。アンドリュー・シスターズ「素敵（すてき）なあなた」（このLPでのタイトルは「君はすてき」）、ビング・クロスビー「ホワイト・クリスマス」、ジュディー・ガーランド「虹の彼方（かなた）」、ルイ・アームストロング「ブルーベリー・ヒル」、ルロイ・アンダーソン楽団「ブルー・タンゴ」、ビル・ヘイリーと彼のコメッツ「ロック・アラウンド・ザ・クロック」、ビクター・ヤング楽団「アラウンド・ザ・ワールド」、アル・ヒッブラー「アンチェインド・メロディー」…数え上げたらきりがない。

　スタジオにこもって全72曲、6時間。アナログの懐かしい音を堪能した。この6枚だけを素材にした「復活洋楽電リク」をやりたくなった。

（2011.6.13）

アルバム「デッカ　オリジナル・ヒット・レコード第6集」

デッカ・レコード | 47

美術館で誇らしげに
アートとして

「30センチ四方のアート作品」といわれるレコードジャケットの魅力を伝える展覧会「ジャケットでめぐる昭和　ジャケットデザイン50―

芦屋市立美術博物館で展示中のレコードジャケット

70s」が7月18日まで、芦屋市立美術博物館で開かれている。ラジオ関西が協力し、10万枚余りの所蔵レコードの中から200枚を厳選して展示している。

　アナログのLPジャケットは、12センチ四方のCDに比べると6倍以上のビジュアル面があり、演奏者のイメージと収められた音楽を鮮明に印象付けるだけでなく、アートとして価値の高いものも多い。ジャケットを「アート作品」として展示する美術展は全国でも珍しいのではないか。

　このほど叙勲受章者に選ばれた西脇市出身のグラフィック・デザ

イナーで画家の横尾忠則氏がデザインを手がけたサンタナのアルバムや、ポップアート界で世界的評価の高いアンディ・ウォーホル氏デザインのジャケットのほか、からくり絵本のように凝ったものなど、「アート」としても楽しめるものを集めた。

　5月28日には、展示のジャケットに収められたレコードを実際に聴いていただくロビーコンサートを開催し、盛況だった。

　また、展覧会開催中に何度か、ギャラリートークとして、展示されているジャケットについて来場の皆さんに説明させていただく機会をいただいた。20代の若いカップルから団塊世代まで20人近くの方々と、あらためて一枚一枚を見て回った。「これなら"ジャケ買い"する」という若い方や、懐かしさに思わずほほ笑まれている年配の方々との楽しい時間だった。

阪神・淡路大震災を生き残り、一時は「処分」されるかもしれなかったジャケットたち。美術館のメーン展示室で、さぞ誇らしいだろうと思うと、胸が熱くなった。

(2011.6.27)

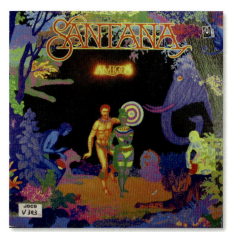

サンタナが1976年に発表したアルバム「アミーゴ」。
ジャケットデザインは横尾忠則氏が手がけたもの

人の心打つ「暗愁」
ファドの女王

　作家五木寛之氏がエッセーの中で、ポルトガル語の「サウダーデ」という言葉を紹介し、人の心を打つ音楽に共通の「愁い」について書いておられた。深くうなずくと同時に、アマリア・ロドリゲスの歌声を聴きたくなった。

ファドだけでなくシャンソンなども織りまぜたアルバム「わが心のアランフェス」（1976年）

　ポルトガルの"演歌"ともいうべき大衆歌謡「ファド」を世界に知らしめ、「ファドの女王」といわれた歌手。母国では、大航海時代に喜望峰回りでインド洋に出る航路を発見したバスコ・ダ・ガマと並ぶほどの英雄的な存在だそうだ。1999年に79歳で亡くなったときには、国として3日間喪に服したという。

　54年のフランス映画「過去を持つ愛情」の中で歌った「暗いはしけ」や、古都コインブラを歌った「コインブラ」（ポルトガルの4月）は、かつて電話リクエストでも常連曲だった。カーペンターズやビートル

ズのヒット曲の間に何げなくこういう音楽を流したラジオ関西は、本当にモダンでスマートだった。

エッセーの中で五木氏は、「サウダーデ」という言葉は「暗愁」とでも訳すのがふさわしいのではないかと述べている。ロシア語では「トスカ」、韓国語では「恨(ハン)」、英語では「ブルース」がこれに近いのではないか、とも書いておられる。全く同感だ。

そんなことを思いながらレコードに針をおろした。代表曲ともいえる「暗いはしけ」、そして「コインブラ」。弱さを隠した強さ。暗さを秘めた明るさ。喜びの中の嘆き。絶望の中の小さな希望。「愛しきマリアの追憶(いと)」「ポルトガルの家」「さようなら」…。抑揚の激しい独特の節回し。ゆっくりと胸が熱くなる。

どんな音楽にも、人を感動させ勇気づける名曲には、明るく楽しいだけではない「サウダーデ」がどこかに隠されているのではないか。人が音楽を聴く理由の一つを教えられた気がした。

(2011.7.11)

ファドの神髄が聴ける25センチ(10インチ)盤のアルバム「アマリア・ロドリゲス」(1959年)

いぶし銀のシブい声
ナット・キング・コール

アルバム「トゥ・イン・ラブ」

　若い世代にぜひとも聴いてほしい往年の男性歌手を挙げろといわれたら、トップランクに入る一人がナット・キング・コールだろう。ソフトバリトンといわれるその声は、彼の大ヒット曲のタイトルどおり、一度聴いたらアンフォゲッタブル（忘れられない）だ。

　1919年、米アラバマ州生まれ（生年には諸説ある）本名ナサニエル・アダムズ・コール。愛称「キング」。30年代末、スイングジャズ時代には珍しくピアノ、ギター、ベースの「ナット・キング・コール・トリオ」を結成し、ピアニストとして活躍した。演奏の場つなぎに歌った「スイート・ロレイン」が喝采を浴び、歌手として世界的な存在になるきっかけとなったエピソードは有名である。

　レコード棚からラジ関自慢のLP2枚を取り出す。1枚は米キャピトル社発売の輸入盤「トゥ・イン・ラブ」。56年6月の検印があり、所蔵

するコールのレコードで最も古い。バラードの傑作「テンダリー」、ガーシュインの名曲「わが愛はここに」、そしてあの「枯葉」が聴ける。

　もう1枚は「コール・アンコール」と題された10インチ盤。60年2月の検印。「モナ・リザ」「トゥー・ヤング」「ネイチャー・ボーイ」というビッグヒットのほか、死後に娘のナタリー・コールが声を重ねて"父娘デュエット盤"として出し、92年のグラミー賞を獲得した「アンフォゲッタブル」が聴ける。

　「メントールを1日に3箱吸うとリッチな声が保てる」と語ったヘビースモーカー。それが原因か、45歳の若さで肺がんで亡くなった。その歌声は紫煙にいぶされたのか「シブい」の一言。"いぶし銀の歌声"の真価はCDではなく、やはりアナログレコードでしか伝わらない、と確信した。キングの歌声には、時代を超えて聴く者の心を一瞬にして柔らかくする何かがある。今の時代、そんな歌い手は多くない。若い世代に聴いてほしい理由がそこにある。

（2011.7.25）

7インチ盤のアルバム「コール・アンコール」。東芝レコードの企画盤

ロック史に巨大な足跡 ビートルズ

「ビートルズが教えてくれた」という吉田拓郎の歌がある。そのとおり、と今でも思う。

ビートルズがデビューしたのは1962年。本国イギリスの公式オリジナルとして12枚のアルバムと22枚のシングルを発表し、1970年に解散したが、今もなお、若者の音楽や文化、風俗、そしてライフスタイルや人生観にまで、地球規模で影響を与え続けている。音楽だけでなく、彼らのライフスタイルまでを自らの青春に重ねた筆者のような団塊世代も多いのではないか。

そんな若者の一人だった者として、彼らが残したオリジナルLP12作全てを、あらためて聴いてみたくなった。ラジオ関西の資料室には日本での編集盤も含めほとんどがアナログ盤で所蔵されている。

◆5人目になって口ずさむ

まずは、お気に入りの2組を取り出す。オリジナル盤としては9作目の2枚組「ザ・ビートルズ」(68年)と、最後のレコーディング作品となった11作目「アビイ・ロード」(69年)。いずれもロックの歴史に巨大な足跡を残した名盤だ。

「ザ・ビートルズ」は白一色のジャケットデザインで、通称「ホワイ

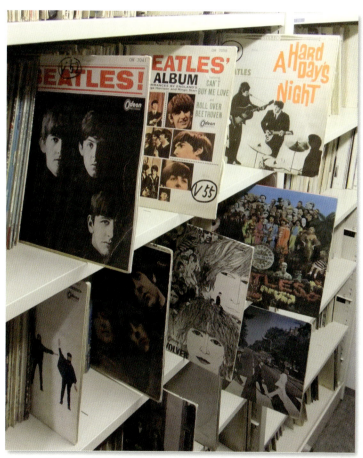
レコード資料室に時代順に収蔵されているビートルズのアルバムの数々

トアルバム」と呼ばれる。ラジオ関西にあるのは米キャピトル社の初期盤で、右下隅には初期盤だけにある通し番号「A2101904」が振られている。ちなみに「A1」は当初ジョン・レノンが、そして今はリンゴ・スターが所有者だとか。

　事実上のラストアルバム「アビイ・ロード」のジャケットは、世界で最も有名な「ジャケ写」だろう。ロンドンのアビイ・ロード・スタジオ前の横断歩道を4人が渡っている。当時、この写真がもとで「ポール死亡説」が流れた。英政府は昨年、この横断歩道を歴史遺産に指定している。また、青い服の女性が通り過ぎる裏ジャケ写真も有名だ。

　レコードに針を下ろす。「ホワイトアルバム」に収められた30曲は雑多で多彩だが、一曲一曲がビートルズそのもの。「アビイ・ロード」のB面はロック史上に残る傑作といわれ、ラストまでほとんど継ぎ目がない。「ヒア・カムズ・ザ・サン」から「ジ・エンド」、おまけの「ハー・マジェスティー」まで、音と言葉の渦に巻き込まれていくような22分27秒。全世界で2900万枚以上が売れ、米国の音楽誌ローリング・ストーンは「B面だけで『サージェント・ペパーズ』に匹敵する」と評した。

　全ての歌詞がそらでよみがえり、思わず大声で歌ってしまう。一瞬で40年前に連れ戻してくれた。

〈2011.8.8〉

◆半世紀経ても古びない音

　続いて、レコード資料室から取り出したのは、オリジナル盤としては6作目のアルバムになる1965年の「ラバー・ソウル」と、66年の7作目「リボルバー」。徹底したスタジオワークで、それまでのポップなリバプールサウンドから、ロックの歴史を塗り替える「ビートルズ・サウンド」に脱皮した2枚だ。これらによって、アイドルグループから世界的なカリスマ・アーティストに脱皮する。

　65年といえば、前年に続く2度目の米国公演の年。66年には日本武道館での公演で日本中の若者を熱狂させた。世界を駆け巡っていたそんな時期、寸暇を惜しんでロンドンのEMIスタジオにこもり、この2枚の傑作アルバムを生み出した。

　前期ビートルズの集大成ともいえる「ラバー・ソウル」は、「ノルウェーの森」「ミッシェル」「ガール」など、ボブ・ディランらの影響を濃く受けたフォーク・ロックの匂いを感じさせる名曲が聴ける。ジョンの息づかいまでを歌詞にした「ガール」や、ポールが歌う「ミッシェル」など、ビートルズの創造性が詰まった傑作。若い4人が粗削りなリリシズムを存分に発揮したアルバムだ。

　「リボルバー」でビートルズ・サウンドはさらに進化。「タックスマン」「イエロー・サブマリン」「トゥモロー・ネバー・ノウズ」など、プログレッシブ・ロックの先駆けともいえる革新的な曲作りを試みている。

　不思議なことに、この2枚のアルバムのジャケットの表側にはグ

ループ名がない。「ラバー・ソウル」(Rubber Soul)というアルバムタイトルは、靴のゴム底を意味する「Rubber Sole」の綴りをもじっていて、あえて直訳すれば「ゴム製の魂」となる。「回る」を意味するアルバムタイトル「リボルバー」(Revolver)も、例の「回転式のピストル」を連想するとともに「去来する思いを廻らせるもの」と深読みしたくなる。そんな斜に構えた4人の満々たる自負と向こう気の強さが、2枚のジャケットからもはっきりと伝わってくる。世界中の「怒れる若者たち」の心を捉えた要素もこのあたりにあるのではないか。回るレコードを見つめながら、半世紀を経ても古びることのないサウンドに聞き入った。

(2011.8.22)

◆下積み時代の経験凝縮

　ビートルズの初期の代表曲を一気に聴こうと、レコード資料室から2枚のアルバムを取り出した。日本でのデビュー盤となった「ビートルズ!」(1964年4月発売)と、それに続く「ビートルズNo.2!」(同年6月発売)。デビュー以来のファンは、この赤いポリ塩化ビニール盤の2枚をすり切れるほど聴いたはずで、ジャケットを見るだけで胸が高鳴る人も多いだろう。中古レコード店では、発売当時の"帯"が付いていれば高額の値がつくとか。

　モノラル盤しかないのもこの2枚がレア物といわれるゆえんで、

ラジオ関西のコレクションの中でもトップランクの貴重盤だ。2枚とも日本独自の企画盤だが、わずか2カ月で立て続けに2枚が発売されたあたりに、日本での人気の爆発ぶりがうかがえる。

「ビートルズ!」にはデビュー曲「ラブ・ミー・ドゥ」を筆頭に「抱きしめたい」「シー・ラブズ・ユー」「プリーズ・プリーズ・ミー」「オール・マイ・ラビング」などのほか、カバー曲の「ツイスト・アンド・シャウト」「ベイビー・イッツ・ユー」など14曲が入っており、初期のベスト曲集といえる。

針を下ろした途端、47年前に連れ戻される。モノラル録音のアナログ盤はすごい。CDのリミックス盤などにはない迫力に満ちた音だ。

「ビートルズNo.2!」には当時最新のヒット曲だった「キャント・バイ・ミー・ラブ」をはじめ「彼氏になりたい」「ミズリー」などのほか、チャック・ベリー「ロール・オーバー・ベートーベン」やレニー・ウェルチ「蜜の味」などのカバー曲が入っている。

リバプールやハンブルクの決して行儀の良くない客を相手に一歩も引かなかった下積み時代の経験が、この2枚に凝縮されている。ビートルズは人気があっただけでなく、実は非常にうまい演奏者だった事実をあらためて思う。年がいもなくジョンやポールをまねて、首を振りつつシャウトした。

(2011.9.12)

◆リバプールなまりの英語

　「英語はビートルズに教えてもらった」というビートルズファンも多いのではないか。紛れもなくその一人と自認している者として、動くビートルズを見て、ビートルズがしゃべる英語を聴きたくて、初期の2本の映画（後にはビデオやDVD）を何百回見たことだろう。レコード資料室から、サントラ盤の2枚のLPを取り出した。

　まずは3枚目のアルバムになった映画「ハード・デイズ・ナイト」のサントラ盤（日本では1964年9月発売）。全てオリジナル曲で埋めた初のアルバムで、「アンド・アイ・ラブ・ハー」「キャント・バイ・ミー・ラブ」「恋におちたら」などのフレッシュな演奏が聴ける。日本ではアルバムも映画も「ビートルズがやって来るヤァ!ヤァ!ヤァ!」というタイトルだったが、名付け親は当時の映画会社の担当だった故水野晴郎さん。

　もう1枚は5枚目のアルバムで、ビートルズ映画第2弾「ヘルプ!4人はアイドル」のサントラ盤（65年9月発売）。弦楽四重奏をバックにした名曲「イエスタデイ」が初めて収められたアルバムだ。

　時には「ビートルズ全歌詞集」を取り出し、一曲一曲を心の中で再生させながら読む。デビュー曲「ラブ・ミー・ドゥ」の陳腐な歌詞に始まり、「ア・デイ・イン・ザ・ライフ」「アクロス・ザ・ユニバース」といったジェイムズ・ジョイスの小説やウイリアム・ブレイクの詩を連想させ

る歌詞に進み、アルバム「アビイ・ロード」のラスト曲「ジ・エンド」で愛についてのたった1行の結論に至る。

　おかげで発音までビートルズ風になってしまった。例えばビートルズナンバーにある「Getting better」はアメリカ英語なら「ゲリン・ベラー」と聞こえるのだろうが、どうしても「ゲッツィン・ベツァー」となる。ビートルズは「リバプールなまり」の先生だ。

（2011.9.26）

◆50年前に始まった「革命」

　ビートルズの日本でのデビューシングル「抱きしめたい」が発売されたのはちょうど50年前、1964年2月5日だった。半世紀たった2014年は、日本のファンのみならず、世界の音楽界にとっても記念すべき年といえるのではないか。

　この2年前の62年10月に本国英国でシングル「ラヴ・ミー・ドゥ」でデビューし、63年3月には初のアルバム「プリーズ・プリーズ・ミー」をリリースしていたが、日本で熱狂が始まったのは64年だった。彼らが初めて渡米してライブを開始したのもこの年だ。その後、ビートルズの作品は発表されるたびに飛躍的に洗練されてゆく。

　その一方、メンバーが発する言葉や行動により、音楽界だけでなく世界中の若者文化や生き方までを変えてゆくという「音楽革命」とでもいうべきものが始まったのもこの年だったのではないか。

東京オリンピックが開催された64年は、テレビやレコードプレーヤーが家庭に浸透していった時期でもある。当時は日本の洋楽番組のトップランナーだったラジオ関西「電話リクエスト」の黄金時代で、週7回午後7時からという意味で「セブン・セブン電リク」と銘打って放送されていた。ビートルズはまだアイドル的要素が強かったが、耳の肥えた若いファンの間では早くから注目され、レコード発売に前後してリクエストが殺到した。

　すべてはここから始まり、そして、半世紀の時間が流れた。そんな感慨にふけりながら、ラジオ関西の資料室にあるビートルズのすべてのアナログレコードを、歌詞集を片手に聴き直している。

　今年2月、米国ロサンゼルスで行われた第56回グラミー賞授賞式で、ビートルズに対して「生涯業績賞」が贈られた。式にはポール・マッカートニーとリンゴ・スターが出席し、5年ぶりの共演が実現した。ジョン・レノンとジョージ・ハリスンが生きていればと、つくづく思う瞬間だった。

（2014.3.10）

大事に保管、収蔵されているビートルズのシングル盤の数々

甘く、心に染み込む音色
ムード音楽

　秋が深まると、ムード音楽が聴きたくなる。パーシー・フェイス、マントバーニ、アンドレ・コステラネッツ、スタンリー・ブラック…。今では「イージーリスニング」という「安易」なジャンル名でくくられてしまっているが、決してイージー（安易）な

クレバノフ・シンフォニック・ストリングスのアルバム「ビューティフル・ムード・イン・ストリングス」（1962年）

BGMではなく、繊細で、甘く柔らかく、文字通り雰囲気（ムード）をつくり出し、聴く者の心に染み込んでくる音楽である。

　ラジオ関西が所蔵している10万枚以上のレコードのうち、ムード音楽は約7500枚。分類記号はムード（MOOD）のM。この「M」のLPをレコード資料室から2枚取り出した。クレバノフ・シンフォニック・ストリングス「ビューティフル・ムード・イン・ストリングス」と、ヘルムート・ツァハリアス楽団「栄光のヘルムート・ツァハリアス」。

　まずクレバノフに針をおろす。リーダーのハーマン・クレバノフは父がウクライナ人、母は英国人だが、本人はシカゴ生まれの米国

人。シカゴ交響楽団などでバイオリニストとして活躍した後、1940年代に22人弦楽奏者を中心とした楽団を結成し、流れるようなストリングの音色で一世を風靡(ふうび)した。米国ムード音楽界のマエストロともいうべき人。「慕情」「トゥナイト」「ライム・ライト」「スターダスト」…。おなじみの曲ばかりを、琴線に触れるような演奏で聴かせてくれる。

　続いて、世界で最も情熱的なバイオリニストといわれたドイツのヘルムート・ツァハリアス。「黒い瞳」「ソルヴェイグの歌」「バラの刺青」「黒いオルフェ」…。ロシア民謡からクラシック、映画音楽まで、彼のバイオリンはどこまでも華麗で、甘く、切ない。

　こんな趣味の良い音楽をサラリと放送していたラジオ関西が多くのリスナーに支持された理由があらためて分かるようだ。ムード音楽はイージーに聴ける音楽でもBGMでもなく、れっきとしたポピュラー音楽として、もっと聴き直されてもいいのではないだろうか。

（2011.11.14）

ヘルムート・ツァハリアス楽団のアルバム「栄光のヘルムート・ツァハリアス」（1962年）

70年代のスーパースター
カーペンターズ

1970〜89年の20年間の日本で、外国のアーティストのシングル盤が最も売れたのはビートルズではなく、カーペンターズだった。70年代、全国のラジオ局でカーペンターズが流れなかった日はないのではないか。

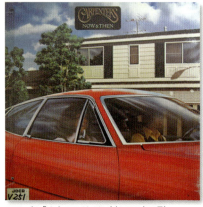
アルバム「ナウ・アンド・ゼン」(1973年6月)

「遥かなる影」「愛のプレリュード」「雨の日と月曜日は」「シング」「イエスタデイ・ワンス・モア」「ジャンバラヤ」…。全世界で売れたアルバムとシングルの総数は1億枚を超えるといわれている。彼ら兄妹が送り出したヒット曲の名の通り「スーパースター」であり「トップ・オブ・ザ・ワールド」だった。

ラジオ関西レコード資料室には、14枚のアルバムやライブ盤、46枚のシングル盤のすべてがそろっている。懐かしい思いを抱きながら、2組のアルバムを選んだ。長岡秀星氏がジャケットをデザインした「ナウ・アンド・ゼン」(73年)と、2枚組みの「カーペンターズ・ライブ・イン・ジャパン」(75年)。

「ナウ・アンド・ゼン」の圧巻は19分32秒のB面だ。トラック分けがなく、全体が米国の50年代のDJ番組のような構成。オートバイの排気音が入ったり、DJが電話の向こうのリスナーに歌手名当てクイズを出したり、という趣向で、その間に「この世の果てまで」「ジョニー・エンジェル」といったオールディーズが流れる。前後のテーマ音楽「イエスタデイ・ワンス・モア」の歌詞の通り、まるでラジオを聴いているようだ。

　「カーペンターズ・ライブ・イン・ジャパン」は74年、大阪のフェスティバルホールで収録。ほとんどのヒット曲が聴ける。公式ライブとしては他に76年のロンドン・ライブしかない。観客の一人として見たステージが昨日のようによみがえる。

　83年、カレンは32歳という若さで帰らぬ人となった。生きていたらますます偉大な歌手になっていただろう。あの夜、ゆったりとしたパンタロンスーツで歌っていたカレンの、白い歯とすてきな笑顔を思い出した。

（2011.11.28）

ライブアルバム「カーペンターズ・ライブ・イン・ジャパン」（1975年3月）

心温まるソフトな歌声
クリスマスの定番

「電リク」黄金時代の昭和30〜40年代。クリスマスが近づくと必ずターンテーブルに載せられた定番レコードがあった。資料室からその代表的な2枚のLPを取り出す。ビング・クロスビー「メリー・クリスマス」(昭和37年)と、トニー・ザイラー

ビング・クロスビーのアルバム「メリー・クリスマス」

「ザイラーは唄う」(昭和35年)。ともに10インチ(25センチ)盤だ。

ビング・クロスビーといえば「ホワイト・クリスマス」「星にスイング」などのヒット曲を歌い、生涯に売れたレコードは4億枚を超えるという超大スターだ。A面の1曲目が代表曲「ホワイト・クリスマス」。シングルは世界で4500万枚を超え、史上最もよく売れたシングルだという。

俳優としても57本の映画に出演し、映画「我が道を往く」でアカデミー主演男優賞を受けた。そのソフトな歌声は、いつ聴いても、何度聴いても心が温まる。極め付きの「ホワイト・クリスマス」はやは

りこれだ、とあらためて実感する。

　続いてトニー・ザイラー「白銀は招くよ」。当時、この季節の定番として毎日のようにラジオから流れた。歯切れのいいドイツ語とアップテンポのオーケストラで、アルプスのゲレンデをさっそうと滑っている気分にさせてくれる楽しい曲だ。

　トニー・ザイラーといえば1956（昭和31）年、コルティナダンペッツォ冬季オリンピックのアルペンスキー回転、大回転、滑降で3冠を獲得し、スキー界の王者となったオーストリアの英雄。とにかくハンサムボーイで、金メダリストで、映画スターで、歌まで歌う。スキーがちょっと高級なスポーツだった時代。この曲を聴くたびに、あの時代の匂いがよみがえる。

　この定番2曲は、当時ラジオ関西が電リクなどを通じて醸し出し続けてきたモダニズムの象徴でもあった。ビング・クロスビーのソフトなクルーナー唱法もトニー・ザイラーの畳み込むようなドイツ語の歌声も、聴く者に、おしゃれな港町神戸への憧れを掻き立てた。

（2011.12.12）

トニー・ザイラーのアルバム「ザイラーは唄う」

年末にふさわしい絶唱
夫婦のハーモニー

　ラジオ関西が日本で初めて「電リク」形式の番組を放送したのは1952（昭和27）年12月24日の夜、正確には明けて25日深夜の4時間番組だった。この年4月の開局以来、初めて放送延長しての特番。番組のタイトルは「クリスマスCRジュークボックス」で、進行は小山美智子アナウンサー、担当プロデューサーは末広光夫氏だった。

スティーブ・ローレンスとイーディ・ゴーメのアルバム「サンライズ・サンセット」（1968年4月）

　1曲目はロイ・エルドリッジのトランペットをフィーチャーした「スター・ダスト」。後に「電リクのテーマといえばこれ」と伝説となるこの曲、実は事前に選曲していた曲ではなく、当日、大阪の女性リスナーからのリクエストを末広氏が取り上げたのだった。この夜から「洋楽のラジ関」の伝説が始まった。毎年クリスマスごろになると、先輩から伝わるこの逸話を思い出す。

　年末にふさわしい絶唱2曲を聴きたくなり、LP2組を取り出した。

スティーブ・ローレンスとイーディ・ゴーメ「サンライズ・サンセット」、そしてレス・ポールとメリー・フォード「栄光のビッグ・ネーム　世界は日の出を待っている」。

「恋はボサノバ」の大ヒットで知られるイーディと、「悲しき足音」で日本でも人気だったスティーブはおしどり夫婦。このLPでは、ミュージカル「屋根の上のバイオリン弾き」の中の名曲を素晴らしいハーモニーで聴かせる。「日は昇り、日は沈む。時は早々とめぐり、幸せと悲しみに満ちた季節がまたやってくる」…。じわりと熱いものが込み上げてくる。

レス・ポールとメリー・フォードも夫婦。「世界は日の出を待っている」は電リク黄金時代、年忘れの定番曲だった。明るいアップテンポのこの曲は、初日の出を待つ日本人の心にぴったり。そしてB面のラスト曲「バイア・コン・ディオス」はスペイン語で「神と共に」という意味で、愛する人との別れをうたったワルツだ。

絶唱2曲。来年はいい年にと祈りつつ聴いた。

（2011.12.26）

レス・ポールとメリー・フォードのアルバム「栄光のビッグ・ネーム　世界は日の出を待っている」（1969年5月）

強烈な存在感とシャウト
キング・オブ・ロックンロール

「キング・オブ・ロックンロール」とか、ずばり「キング」と呼ばれたエルビス・プレスリーが亡くなってから、もう35年になる。それまで黒人中心の音楽だったリズム・アンド・ブルースや白人音楽だったカントリーミュージック

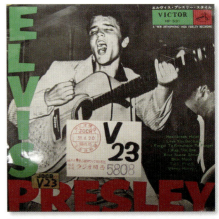
日本でのデビューアルバム「エルビス・プレスリー・スタイル」

をミックスし、ロックンロールと呼ばれるものに変質させ、世界中の若者をとりこにした。

ラジオ関西にはエルビスの貴重なレコードがそろっている。資料室から「エルビス・プレスリー・スタイル」と題された日本でのデビューアルバム（25センチLP）を取り出して、針を下ろした。検印は昭和36（1961）年4月。「ハートブレイク・ホテル」「ブルー・スエード・シューズ」「ブルー・ムーン」「トゥッティ・フルッティ」などのビッグヒット8曲が収められている。米国での最初のリリースから60年近くたった今でも、強烈な存在感とオリジナリティーは圧倒的で、全身でシ

ャウトする若きエルビスが目に浮かぶ。

　もうひとつのニックネームは「エルビス・ザ・ペルビス」（骨盤エルビス）。歌いながら腰をくねらせる独特のジェスチャーからそう呼ばれたが、50年代の米国社会ではPTAや宗教団体から激しく非難され、「不良の音楽」という烙印を押された。その不良の音楽がその後の若者音楽を変えたのは、ポピュラー音楽史を振り返ればわかる。

　神戸ハーバーランドにあるラジオ関西のそばには、エルビスの銅像が立っている。音楽評論家で作詞家の湯川れい子さんをはじめ多くのファンの働きかけに神戸市や兵庫県などが応え、2009年の夏に東京・原宿から移設された。以来、日本のエルビスファンの「聖地」となっている。

　神戸はジャズだけでなく、エルビスもよく似合う。

（2012.2.13）

神戸ハーバーランドのガス灯通りに立つエルビスの銅像＝神戸市中央区東川崎町1

時代を画したジャンル名
ロックンロール

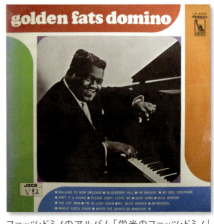

ファッツ・ドミノのアルバム「栄光のファッツ・ドミノ」（1966年）

　ラジオ関西（ラジオ神戸）が産声をあげた1952年、くしくも米音楽界でも画期的な事件があった。3月、オハイオ州クリーブランドのラジオの人気DJで「ムーンドッグ」というあだ名をもつアラン・フリードが「ムーンドッグ・ロックンロール・パーティー」という白人向けの音楽番組の放送を始めた。

　それまでは激しいリズムを刻む黒人中心の音楽を「リズム&ブルース」と呼んでいたが、アランはこの番組の中で、世界で初めて「ロックンロール」という言葉を使って紹介した。時代を画する音楽ジャンル名が誕生した瞬間だった。

　開局60周年記念日の4月1日、同じく還暦のロックンロールを聴いて原点に返ろうと、その立役者というべき2人のアルバムを聴いた。ファッツ・ドミノ「栄光のファッツ・ドミノ」と、ビル・ヘイリーと彼の

コメッツ「シェイク・ラトル・アンド・ロール」の2枚。

　ファッツ・ドミノは28年、ニューオーリンズ生まれ。ファッツは太った体形からきたニックネームだ。彼の代表作で日本でも大ヒットした「ブルーベリー・ヒル」は、40年代のスタンダードナンバーをロックンロールにアレンジした歴史的な1曲。アルバムにはデビュー曲「ファット・マン」のほか、ニューオーリンズっ子らしく「私の青空」「聖者の行進」がファッツらしいロックンロール・アレンジで聴ける。

　ビル・ヘイリーといえば55年の映画「暴力教室」の主題歌として使われた「ロック・アラウンド・ザ・クロック」が有名で、全米ヒットチャート8週連続1位。アルバムではタイトル曲の「シェイク・ラトル・アンド・ロール」「マンボ・ロック」なども聴ける。

　ロックンロールは、この52年を境にして文字通り「ドミノ倒し」のように広がり、やがてチャック・ベリー、リトル・リチャードを経てプレスリーにつながり、一気に地球規模となる。決してオールディーズではなく、今でも新しい。

（2012.4.9）

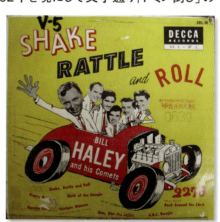

ビル・ヘイリーと彼のコメッツのアルバム「シェイク・ラトル・アンド・ロール」（1955年、25センチの輸入盤）

色あせないハーモニー
伝説のモダン・フォーク

　「PPM」「ブラフォー」。団塊世代には懐かしく響く呼び方ではないか。1960年代初頭、米国から全世界にフォークソングブームを巻き起こした二つのスーパーグループ「ピーター・ポール＆マリー」と「ブラザース・フォア」だ。当時の日本

ピーター・ポール＆マリーのライブアルバム「イン・コンサート」

では、彼らの音楽や写真が紹介されると、あっという間に無数のコピーバンドが生まれた。

　同時代に活動を始めたボブ・ディランらはフォークシンガーと呼ばれ、PPMとブラフォーは「モダン・フォーク・グループ」と呼ばれた。レコード室から2組の貴重なアルバムを出し、久しぶりに聴いた。

　PPMの「イン・コンサート」は、64年に全米5カ所で行ったライブ音源を編集した2枚組みの輸入盤。手振れ撮影したジャケットは今でも斬新だ。左に写っているポール・ストゥーキーが軽妙なおしゃべりを12分以上も聴かせてくれる。「時代は変わる」「500マイル」「風

に吹かれて」「パフ」「天使のハンマー」などの名曲が、50年近い歳月を経てよみがえる。ブロンドのボーカリスト、マリー・トラバースは2009年に71歳で亡くなったが、都会的で洗練された音楽は今も色あせていない。

　1960年の輸入盤「ザ・ブラザース・フォア」は米国でのデビューアルバムだ。白い半袖シャツに赤いスカーフ。清潔で教養を感じさせる若者4人の姿は、それ自体がカルチャーショックだった。アルバムには古くからのアメリカンフォークと共に、日本でも大ヒットした「イエロー・バード」「グリーンフィールズ」などの名曲が入っている。その後は「花はどこへ行った」「七つの水仙」「遥かなるアラモ」「トライ・トゥ・リメンバー」など、素晴らしい歌声を聴かせてくれることになる。

　いま日本ツアーをしており、6月10日に予定されている神戸新聞松方ホールでの公演のチケットは完売。来日メンバーは、オリジナルメンバーのうちベースのボブ・フリックだけになったが、素晴らしいハーモニーは健在に違いない。

（2012.5.14）

ブラザース・フォアのデビューアルバム「ザ・ブラザース・フォア」

洋楽番組のパイオニア
S盤アワー

「S盤アワー」という番組があった。「S盤」とは戦後、日本ビクターが米国のRCAレコードと原盤契約をして売り出した洋楽レコードシリーズ。レコードの通し番号が「S—1」からだったため、そう呼ばれた。ラジオ番組「S盤アワー」は1952年、東京の文化放送でスタートした。

アルバム「懐かしのS盤アワー・ヒット・パレード集」

ラジオ関西でも開局1年後の53年からの一時期、毎週水曜午後9時から30分番組で放送した。前テーマにペレス・プラード楽団の「エル・マンボ」を、後テーマにはラルフ・フラナガン楽団の「唄う風」を使い、進行役はビクター社員で後にラテン歌手となった故帆足まり子さん。戦後の洋楽番組のパイオニアともいうべき番組で、ファンをラジオの前にくぎ付けにした。

また、日本コロムビアからはL盤、ポリドールからはP盤というシリーズが出て、それぞれ「L盤アワー」(ラジオ東京＝現TBSラジオ)と

「P盤アワー」(ニッポン放送)で放送された。

　レコード資料室から、そんなS盤とP盤のヒット曲を集めたオムニバスLP盤を出して聴いた。「懐かしのS盤アワー・ヒット・パレード集」(59年)と「P盤アワー・ヒット・パレード」(63年)の2枚。

　「S盤」には当時のヒット曲がずらり。「バラの刺青」(ペリー・コモ)「ウシュクダラ」(アーサ・キット)「オー・マイ・パパ」(エディ・フィッシャー)「帰らざる河」(マリリン・モンロー)「チャ・チャ・チャは素晴らしい」(エンリケ・ホリン楽団)…と、ラジ関の電リクでもおなじみの曲が並ぶ。

　「P盤」も豪華だ。「コーヒー・ルンバ」(ウーゴ・ブランコ)「真珠採りのタンゴ」(リカルド・サントス楽団)「真夜中のブルース」(ベルト・ケンプフェルト楽団)「碧空(あおぞら)」(アルフレッド・ハウゼ楽団)…。

　スクラッチノイズ混じりの懐かしい音楽を聴いていると、こんなぜいたくな音楽をたっぷりと聴いていた当時のリスナーは幸せだったと思った。神戸は幅広いポピュラー音楽を愛し続けた街なのだと、あらためて確信した。

(2012.6.11)

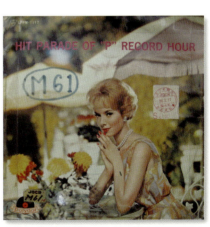

アルバム「P盤アワー・ヒット・パレード」

心に響く天才詩人の歌
ボブ・ディラン

2012年5月、ボブ・ディランがオバマ米大統領から「大統領自由勲章」を授与された。文民向けの最高位の勲章だそうだ。過去の受章者には、政治家以外ではドリス・デイ、ヨーヨー・マ、チャールトン・ヘストン、ウォルト・ディ

ボブ・ディランの3枚目のアルバム「時代は変る」

ズニー、ムハマド・アリら、そうそうたる顔ぶれが並ぶ。オバマ大統領は「ブルース・スプリングスティーンからU2まで、誰もがボブに感謝している。米国の音楽史に彼ほど偉大な人物はいない」とたたえたという。

ディランの人と音楽を一口で語るのは不可能だろう。世界で最も著名な芸術家の一人だが、人によってさまざまな評価があるに違いない。そこで、資料室に収蔵されている彼の数あるアルバムの中から、個人的に好きな「時代は変る」「アナザー・サイド・オブ・ボブ・ディラン」の2枚を取り出し、じっくりと耳を傾けた。1963～64年に吹き込まれた3枚目と4枚目のアルバムにあたる。

ディランを一躍有名にした「風に吹かれて」を収録した2枚目のアルバム「フリー・ホイーリン」のプロテストソング路線をさらに発展させた「時代は変る」には、タイトル曲をはじめ「神が味方」「ハッティ・キャロルの寂しい死」など彼の代表曲が並ぶ。全曲、少し鼻にかかったあの歌声が、驚くべき誠実さでつづられた詩を歌い切っている。ディラン自身が演奏するギターとハーモニカのほかに伴奏は一切なく、圧倒的な迫力で心に響く。

　「アナザー・サイド・オブ・ボブ・ディラン」は1回のセッションで全11曲が吹き込まれたとか。のちにザ・バーズがカバーしてヒットした「マイ・バック・ページ」はB面の2曲目。「あのころの僕はずいぶんと老けていた。いまのほうがずっと若い」という詩に、救われるような思いで深くうなずいた。やはりディランはミュージシャンよりも天才詩人と呼ぶのがふさわしいのではないか。

　ブルース・スプリングスティーンはこう言ったという。「ボブ・ディランのような歌詞を、フィル・スペクターのようなサウンドに乗せて、ロイ・オービソンのように歌いたかった」と。

（2012.7.9）

4枚目のアルバム「アナザー・サイド・オブ・ボブ・ディラン」

ジャンル超えた名曲
サマータイム

名曲「サマータイム」は作曲ジョージ・ガーシュイン、詞は兄の作詞家アイラ・ガーシュインと詩人デュボーズ・ヘイワードの共作。20世紀を代表するオペラ「ポーギーとベス」の中の一曲だ。猛暑が続くこの時期、しきりにあのメロディーと歌詞が浮かんでくる。

2枚組みアルバム「ポーギーとベス」

ラジオ関西が所蔵するレコードの中で「サマータイム」が収録されているのは、LP、シングル合わせて300枚を超えている。ジャンルを超えたミュージシャンが好んで取り上げた名曲であることが分かる。

それらの中から悩んだ末に選んだのは、エラ・フィッツジェラルドとサッチモの愛称で知られるルイ・アームストロングが協演した2枚組み輸入盤「ポーギーとベス」（1959年12月の検印）と、ジャニス・ジョプリンの絶唱が聴けるライブ盤「チープ・スリル」（68年8月、ニューヨークのフィルモア・オーディトリアムで収録）。

「ポーギーとベス」では、ジャズの至宝、エラとサッチモが、ほのぼ

のとしたなかにも緊張感をたたえた、絶品ともいえる協演を聴かせてくれる。サッチモのトランペットに続いて、ゆったりとして深いエラの歌声が、聴く者を包み込むような、内容どおりの「子守唄」を聴かせてくれる。4分55秒。何度も繰り返し聴きたくなる。

　「夏は暮らしも楽になり、魚は取れるし綿木もたわわ。おとう金持ちおかあは美人、だから泣かずに寝ておくれ」などと自己流に訳してみる。これはまるで「五木の子守唄」じゃないかと、妙な懐かしさを覚える。

　一方、ジャニス・ジョプリンの「サマータイム」は、詩の内容は同じだが、解釈が全く違う。魂の奥底から絞りだすような、助けを求める絶叫のようなかすれた歌声だ。70年、ヘロインの過剰摂取のためロサンゼルスのホテルで亡くなるまでのわずか27年の人生。伝記を読み返しても、その音楽的天才と反比例するように、彼女はひたすら不幸と悲劇に向かって生き急いだとしか思えない。

　そんな思いでこの名曲を聴くと、これ以外の歌い方はできなかったのではとも思う。ジャニスの歌う「サマータイム」は、いつ聴いても震えるほど寒い。

（2012.8.13）

ライブアルバム「チープ・スリル」

世界一有名な不良少年
ローリング・ストーンズ

　英国が生んだ世界的ロックバンド、ローリング・ストーンズが2012年、結成50周年を迎えた。1962年7月にロンドンで初ステージを踏んで以来半世紀、一度も解散することなく現役であり続けている。

アルバム「スティッキー・フィンガーズ」

　先日、50周年を記念する公式写真集「ザ・ローリング・ストーンズ50」が世界同時発売された。ストーンズのシンボルともいうべき「ベロ出し」ロゴマークの表紙を開くと、ストーンズの50年を300ページにわたって見ることができる。単なるファンブックと違うのは、60年代から現在に至るポップカルチャーの歴史を見事に浮き彫りにしていることだろう。

　現在のメンバーはミック・ジャガー、キース・リチャーズ、チャーリー・ワッツ、ロン・ウッドの4人で、平均年齢は約68歳。いまだに音楽界で世界一有名な「不良少年」であり続けていることにうれしくなる。ブルースに根ざしたあの独特のストーンズサウンドを浴びたくなり、

レコード資料室から2組のアルバムを出した。

　まずはデビュー10年目、71年の「スティッキー・フィンガーズ」。ジャケットデザインをアンディ・ウォーホルが手がけ、本物のジッパーが使われて話題になった。こういうアートワークは30センチLPでしか無理だろう。アルバムタイトル（「べとつく指」の意）と相まってわいせつ論争を巻き起こしたが、米国ではアルバムチャートで8週連続トップとなった。「ブラウン・シュガー」をはじめ、乗りに乗ったうねるようなストーンズ節が聴ける。

　続いて72年の2枚組「メイン・ストリートのならず者」。シングル盤で大ヒットした「ダイスをころがせ」も収録している。ゴスペル風、フォーク・ブルース風、ブギウギ調のロックンロールと、自由自在に楽しんでいるストーンズが聴ける。ロック史上屈指の名盤と評価され、米国では通算300万組以上が売れた。

　「転石こけむさず」（ローリング・ストーン・ギャザー・ノー・モス）という古いことわざが英国にある。50年を経た今も、この「転石」たちには一片のこけもない。

（2012.9.10）

アルバム「メイン・ストリートのならず者」

溝に詰まる思い出や人生
名曲・名盤コンサート

ヤマハ神戸店で開催した無料レコードコンサート＝7日、神戸市中央区元町通2

　ラジオ関西所蔵のアナログの洋楽レコードを「名曲・名盤レコードコンサート」と銘打って聴いてもらう、いわゆる「レコ・コン」イベントが好評を博している。

　洋楽だけでも5万枚以上というラジオ関西ならではの貴重な「音楽資産」を死蔵するのは惜しいということで、2006年4月に神戸酒心館ホール（神戸市東灘区）で開催したのが始まり。10年12月からは神戸新聞松方ホールのホワイエ（ロビー）を会場として、2～3カ月に1度のペースで開催している。

　ほかにも芦屋市立美術博物館や西宮市大谷記念美術館、神

戸文学館などで企画展のひとつとして要請を受けて開催。合わせると6年間で30回以上も開いてきたことになる。

　来場者の中心は団塊世代より少し上、ラジ関の電リクを聴きながら青春を過ごした世代。回を重ねるごとに、来場者の「ラジ関がこういうのをやるのを待っていた」「いまはもうあまり聴くことのない懐かしい洋楽を、しかもレコードでじかに聴けるのがうれしい」といった、あのころへの思いの熱さが伝わってくる。

　中でも映画音楽への思いは格別なようで、毎回の選曲に必ず2〜3曲を入れる。数ある映画音楽の中で定番のようになっている人気の一曲は、ビクター・ヤング楽団の演奏による「エデンの東」だ。

　名器といわれる三菱ダイアトーンR305スピーカーからあふれ出る優しいアナログの音。目を閉じて聞き入っておられる方が多い。そんな姿を見るたびに「皆さん、あのころに戻っておられるな…。レコード盤の溝には音だけではなく、思い出や人生までも詰まっているのだなあ」と思う。

（2012.10.15）

レコードコンサートでの定番人気曲「エデンの東」が入った珍しい45回転LP

豊かなアメリカを象徴
アンディ・ウイリアムス

甘いマスクと包み込むような歌声で多くのファンを持つアンディ・ウイリアムスが9月、米国ミズーリ州の自宅で84歳で亡くなった。映画「ティファニーで朝食を」の挿入歌「ムーン・リバー」をはじめ「ある愛の詩」「ゴッドファーザー愛のテーマ」「モア」「野生のエルザ」など映画の主題歌を数多くヒットさせたほか、ジャズからスタンダードまで幅広いレパートリーを持った歌手だった。

アルバム「ムーン・リバーと素晴らしき映画主題歌」

ゴールドディスク18枚、プラチナディスク3枚を残した。来日公演は1967年から7回行っている。数多いアルバムの中から2組を選んで聴いた。

輸入盤「ムーン・リバーと素晴らしき映画主題歌」(62年、米コロンビア)。タイトル曲のほか「慕情」「夏の日の恋」「日曜はダメよ」「時の過ぎ行くままに」「トゥナイト」など12曲の映画主題歌を収めている。

ジャケット裏のライナーノーツには「その1曲がロマンチックであれエキサイティングであれノスタルジックであれ、アンディは逆らい

がたい魅力的な作法で歌っている」とある。アンディの歌声はアナログレコードで聴くに限る。針が進むにつれ、魔法にかかったように温かいアンディワールドに引き込まれる。

もう1組は「アンディ・ウイリアムス・ショウ」(日本コロムビア)。懐かしく思い出される方も多いのではないか。米国で62年から9年間にわたって全国ネットされた人気テレビショー。日本では66年から4年間、NHK総合テレビで毎週日曜午後に放送された。

ジュリー・アンドリュース、レイ・チャールズ、シャーリー・マクレーン、サイモン&ガーファンクルと毎回大物ゲストを迎えて繰り広げられるエンターテインメントショーは、華やかなアメリカ文化そのものだった。テレビがカラーになったばかりのころ。水色のVネックセーターに白いタートルネックシャツ、ピンと筋の入ったスラックスに、真っ白のモカシンスニーカーというスタイルで、高いスツールに足を組んで座るアンディの姿は、何ともまぶしかった。

当時の苦悩するアメリカとは正反対の、明るく華やかで豊かなアメリカを教えてくれたのは、アンディのあのソフトボイスだった。

(2012.11.12)

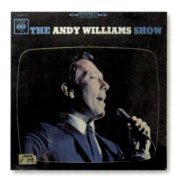

アルバム「アンディ・ウイリアムス・ショウ」

時代の思い出を記録
亡くなったスターたち

　洋楽ファンにとって忘れることのできないスーパースターたちが、2012年も数多くこの世を去っていった。

　ゴスペルをベースにした圧倒的な歌唱力でポップス界を席巻したホイットニー・ヒューストン（48歳）。ビートルズに対抗するグループとして結成され、世界的なアイドルとなったモンキーズのリードボーカル、デイビー・ジョーンズ（66歳）。

　ディスコクイーンなどと呼ばれ、グラミー賞を5回も受賞した実力派ドナ・サマー（63歳）。多くのヒットで日本にもファンが多いビージーズ3兄弟の次男ロビン・ギブ（62歳）。「花のサンフランシスコ」の大ヒットでヒッピー文化の象徴的存在だったスコット・マッケンジー（73歳）。ポピュラー界の巨人アンディ・ウィリアムス（84歳）…。

　ブルーグラス界では、ブルーグラス・ギターの巨人で盲目のギタリスト、ドク・ワトソン（89歳）。ロック界を見ると、1970年代米国のスーパーバンド「ドゥービー・ブラザーズ」の元ドラマー、マイケル・ホサック（65歳）、「ディープ・パープル」元メンバーのキーボード奏者ジョン・ロード（71歳）、ブルース・ロック・バンド「フリートウッド・マック」の元メンバー、ボブ・ウェルチ（66歳）。

　彼らのレコードにわくわくしながら何度も針を下ろしたファンは数知れないだろう。人は去っても、あの感動はレコードの細い溝の中

に残っているはず。そんなことを思いながら、ヒットシングルを一気に聴いた。

17センチ四方のジャケット写真そのものが懐かしい。針を下ろすと、あのころのあの音が見事によみがえる。そこには音楽というかたちで、まぎれもなく時代の思い出と記憶が記録（レコード）されていた。さまざまな感動をこの世に残し、今年亡くなった全てのアーティストの冥福を祈りたい。

(2012.12.10)

亡くなったアーティストたちが残した懐かしいシングルレコード

4分6秒の「短編小説」
名曲「老兵の話」

　先日、神戸文学館（神戸市灘区）で「名曲・名盤レコードコンサート」を開き、「文学としての音楽」というテーマで講演した。同館恒例の「土曜サロン」の一環。高尚な話はもとより無理なので、参加者には気軽にレコード音楽を楽しんでもらい

2枚目のアルバム「僕の歌は君の歌」

ながら「名曲歌詞にみる文学」といったおしゃべりで許してもらった。

　ビートルズ、イーグルス、バッドフィンガー、エルトン・ジョン、ボブ・ディラン、シャルル・アズナブールの曲を取り上げ、原詩に拙訳を付けた資料を配った。あらためて深い感動とともに文学を感じたのは、エルトン・ジョンの「老兵の話」だった。収められている3枚目のアルバム「エルトン・ジョン3（タンブルウィード・コネクション）」（1970年）は、南北戦争前後の米南部を舞台としたいわゆるコンセプトアルバムだ。

　戦争で多くの友人を失い、生き残った南部人であろう老人と、1人の青年が、場末の酒場で語り合うという物語。「こんにちは。ビー

ル一杯おごりましょうか」「ご親切に、うれしいね。このごろ何だか目まぐるしく時が過ぎるね…」という会話で始まる。エルトンはピアノ1台だけの弾き語りで切々と、時には激しく、老人と青年の2役を見事に演じ分ける。たった4分6秒の見事な「短編小説」だ。

　私は、20歳の時から折に触れて聴き続けている。聴く側の人生の起伏に合わせてさまざまな表情を見せてくれる。誰にでもそんな一曲があるのではないだろうか。

　エルトンのデビュー前からの盟友ともいうべき作詞家バーニー・トーピンによる詩。いまやスタンダードナンバーとなった名曲「僕の歌は君の歌(ユア・ソング)」も同じコンビによる世界的ヒット曲だ。

　この日はノーベル文学賞候補にもなったボブ・ディランの曲も取り上げた。「マイ・バック・ページ」という曲にはディラン独特の難解で冗舌な叫びのあとで「あの時の僕は今よりも老けていて、今はあの時の僕よりずっと若い」という言葉が繰り返される。深く胸に響く。音楽と文学は、一本の木の根と幹のようなものかもしれない。

(2013.3.11)

3枚目のアルバム「エルトン・ジョン3(タンブルウィード・コネクション)」

革新ロックの伝説バンド
ピンク・フロイド

　時々、ピンク・フロイドを無性に聴きたくなる。1967年のデビューアルバム「夜明けの口笛吹き」以来、全世界で売れたアルバム通算枚数は2億1千万枚。今でもCDにリミックスされた復刻盤が若い世代に売れ続けている。プログレッシブ・ロックの伝説的スーパーバンドだ。

アルバム「原子心母」(1970年)

　65年の結成以来、シド・バレット、ロジャー・ウォーターズ、デービッド・ギルモアとバンドの主導権が変遷し、メンバー同士の確執を経て96年に実質解散したが、プログレッシブと呼ぶにふさわしい革新的ロックを世界に送り続けた。数多い名作の中から特に好きなアルバム2枚、70年発表の「原子心母」(原題=アトム・ハート・マザー)と「狂気」(原題=ザ・ダーク・サイド・オブ・ザ・ムーン)を取り出し、久しぶりに"フロイド"に浸った。

　2作とも、最初に手にしたときは驚いた。ジャケット写真のユニークさと、文学的といってもいいような日本語タイトル。タイトルを考え

たのは、当時の東芝音楽工業の洋楽ディレクターで、ビートルズ、エルトン・ジョン、ジェフ・ベックなどを日本の洋楽シーンに送り出した石坂敬一さん(ワーナーミュージック・ジャパン代表取締役会長兼CEO)。「前衛」や「進歩」を意味する「プログレッシブ・ロック」というジャンル用語も石坂さんの命名だとか。

　クラシック、ブルース、フォークなどを織り込んだ"フロイド"の音楽性は「叙情」「幻想」「神秘」という形容がピッタリとくる。いわゆるロック音楽が持つ攻撃性や、音としての激しさはほとんどない。「原子心母」A面のタイトル曲は23分36秒で1曲という壮大な交響詩。日本で最初にこの曲を1曲そのままラジオで流したのは残念ながらラジオ関西ではなく、東京のTBSラジオだった。

　石坂さんの言葉。「ピンク・フロイドを楽しむには、ビアズリー、ダリ、ルネ・マグリット、アンリ・ルソー…そんな絵画を見るように想像を広げてほしい。自分の枠で聴いてはいけない。なぜなら、無理だから」。まことに至言だと思う。

(2013.4.8)

アルバム「狂気」(1973年)

熱狂や感動までも〝記録〟
ライブアルバム

　ラジオ関西が大切に保管、所蔵している5万枚以上の洋楽アナログレコードの中には貴重なライブ盤も多い。レコード資料室から、ジャンルは全く違うが、ともに名盤といわれるライブアルバムを2組、取り出して聴いた。

ディープ・パープルのアルバム「ライヴ・イン・ジャパン」

　まず、伝説的ハードロックバンド、ディープ・パープルの1972年8月17日の東京・日本武道館での公演を収めた2枚組「ライヴ・イン・ジャパン」に久しぶりに針をおろす。「ハイウェイ・スター」「スモーク・オン・ザ・ウオーター」…。ジョン・ロード、リッチー・ブラックモア、イアン・ペイス、ロジャー・グローバー、イアン・ギラン。文字通り絶頂期のライブが聴ける。同じツアーの大阪・フェスティバルホールでの公演を最上階の席で見た記憶がよみがえる。

　もう1組はギリシャ人シンガー・ソングライター、ジョルジュ・ムスタキが74年、パリの代表的なシャンソンの殿堂「ボビノ座」で公演し

たライブを収めた2枚組「ムスタキ・ライブ・ボビノ74」だ。

「異国の人」「私の孤独」など人間の深淵(しんえん)を歌い込んだ作品を発表し、日本でもファンが多いムスタキは、パリでエディット・ピアフに見いだされ、一時は彼女の恋人でもあったという。独特の深く優しい声で「私の孤独」「白鳥の歌」「異国の人」と続く。拍手、客席の声、歌の合間の息遣い…。ディープ・パープルとジャンルは全く違うが、ライブならではの興奮と感動が伝わってくる。74年のパリ・モンパルナスの匂いだ。

いずれもデジタルリミックスされたCDも発売されているが、伝わってくるものが全く違う。決して「音」的にいいとはいえないレコードのほうが、なぜか圧倒的に胸に迫る。CDは音を記録するが、客席に渦巻いていた思いや熱狂や感動までは記録しないということだろうか。聴く者の思い込みかもしれないが、アナログレコードの溝には、音以外の何かが刻みこまれているような気がしてならない。ライブ盤はアナログに限る。

（2013.5.13）

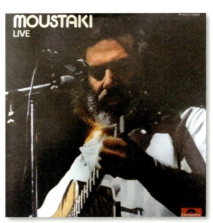

ジョルジュ・ムスタキのアルバム「ムスタキ・ライブ・ボビノ74」

懐かしい歌　心に明かり
レコードコンサート

神戸新聞松方ホール・ホワイエで開いたレコードコンサート＝神戸市中央区

　2012年秋から13年春にかけて、さまざまな会場で「名曲・名盤レコードコンサート」をテーマを変えて開催し、好評をいただいた。

　12年11月、県立美術館ミュージアムホールでのテーマは「アートと音楽」。13年2月には芦屋ルナ・ホールで「電リク再び」と題し、電話リクエストのファンだったという作家村上春樹との関わりなどを語り合ったほか、神戸・三宮の「クラブ月世界」ではアナログレコードをバックに社交ダンスを楽しんでもらった。3月、神戸文学館では「文学としての音楽」をテーマに開催し、人と防災未来センターでは「神戸から東北へ～癒しと祈りのコンサート」と題して東日本大震

災被災地へ追悼と祈りのメッセージを送った。

　全て、基本はシンプルなアナログレコードコンサート。名器といわれる三菱電機製のR305形モニタースピーカー（1967年製）やプロ仕様のターンテーブルを持ち込み、精選した貴重なレコードを聴いてもらった。ビクター・ヤング、ボブ・ディラン、ビートルズ…。テーマによってリクエストも選曲もさまざまだが、アナログでしか聴けない懐かしい音楽が流れた瞬間、来場者一人一人の心に小さな明かりがともるのがはっきりと分かる。

　音楽評論家の故青木啓氏が79年に出版した「アメリカン・ポピュラー」という著書は、業界関係者の間では信頼できる貴重な資料とされている。その前書きにこうある。「新しい歌はすばらしい。だが、もっと古い時代に作られた歌の中にも、時代を超えて生き続けているすばらしい歌がある。人の心、愛の姿を鋭く美しく、そして優しく描いた歌はいつも新しい」レコードコンサートを開催するたび、この言葉を思い出す。

(2013.6.10)

神戸文学館で開いたレコード・コンサート＝神戸市灘区

「熱さ」と「甘さ」が原点
ハードロック

　先日、元町通ですてきなロックシニアの男性を見かけた。黒地に大きな白字の英文で「フー・ザ・ファック・イズ・ミック・ジャガー？」（ミック・ジャガーって一体何者？）と、少々過激で下品な文章が染め抜かれたTシャツ。銀髪と痩身(そうしん)に似合い、かっこよかった。

エアロスミスの3枚目のアルバム「闇夜のヘヴィ・ロック」（1975年）

　夏といえばロック。この夏も海外から大物が続々と来日する。ミューズ、メタリカ、チープ・トリック、アース・ウィンド＆ファイアー、シンディ・ローパー…。大物といえば先日、米国のハードロックバンド、ヴァン・ヘイレンが来日して幅広い世代のファンを喜ばせた。エドワードとアレックスのヴァン・ヘイレン兄弟を中心とする米国を代表するバンドのひとつ。世界的ヒット曲「ジャンプ」はファンならずともご存じだろう。

　これも超大物のハードロック・バンド、エアロスミスが8月に来日し、大阪で2回も公演する。ボーカルのスティーブン・タイラーを中

心にした5人組。1970年の活動開始以来、グラミー賞受賞4回、2001年には「ロックの殿堂」入りを果たし、米ロック誌の「歴史上最も偉大な100組のアーティスト」に選ばれるなど、ロック史に大きな足跡を残している。

　レコード資料室から、初期の傑作といわれるアルバム「闇夜のヘヴィ・ロック」を取り出した。今でもライブなどで披露する「ウォーク・ディス・ウェイ」「スウィート・エモーション」はロックの原点ともいうべき「熱さ」と「甘さ」を併せ持った名曲だ。

　ラジ関といえばジャズ、と連想しがちだが、ラジ関の不思議な素晴らしさは、ハードで過激なロックといえども、そこに心を動かす何かがあれば、こだわりなく受け入れて放送してきたことだろう。

　10月には白塗りのロックモンスター、キッスも7年ぶりに来日。73年のデビュー以来、シングルとアルバムの総売り上げは1億枚を超すという。メンバーそっくりの奇抜なメークと衣装で会場に押し掛ける熱烈なファン（キッスアーミー）みたいにはいかないが、少々奇抜なTシャツでも着て出掛けてみたい。

（2013.7.8）

キッスの5枚目のアルバム「地獄のロックファイアー」（1976年）

歌うことが生きる全て
エルビスの魅力

　キング・オブ・ロックンロール、エルビス・プレスリーが1977年8月16日に亡くなってから37回目の命日がやってくる。神戸ハーバーランドに立つエルビス像の前には多くのファンが集まるに違いない。

「エルビス・オン・ステージ」のサウンドトラック盤

　先日、京都ホテルオークラで、音楽ドキュメンタリー映画「エルビス・オン・ステージ」(ラスベガスのホテルでの70年のライブ映像)を見るフィルムディナーショーに招かれた。当時のディナーショーで供されたメニューがテーブルに並び、食事を楽しみながら、大型スクリーンに映し出された全盛期のエルビスを見るという趣向だ。

　ゲストに音楽評論家で作詞家の湯川れい子さんが来られ、エルビスの魅力を熱く語った。「当時35歳。2年前に娘が生まれ、3年後に離婚するちょうど中間の、最も充実して幸せだった時の姿が見られる」「彼はお客さまを楽しませるだけのエンターテイナーではなく、歌うことが生きる全てだった。歌手と呼ぶにふさわしい人」―。

「ハウンド・ドッグ」「ハートブレイク・ホテル」「ラブ・ミー・テンダー」「愛さずにはいられない」…。ビートルズ世代の筆者には少し距離のあったエルビスだが、映像と音とディナーが進むうちに、その存在感に圧倒された。

その夜のディナーは、湯川さんが保管していたラスベガスのオリジナルメニューを基に、できるだけ忠実に再現したとか。メーンに出たローストビーフは絶品だった。目、耳、舌、そして心を存分に楽しませてくれるイベントだった。

レコード資料室から、映画「エルビス・オン・ステージ」のサウンドトラック盤(71年発売の日本盤)と、エルビスを一躍スターダムに押し上げた映画「G・I・ブルース」のサウンドトラック盤(60年発売の輸入盤)を取り出した。エルビスの偉大さをあらためて思い知った。

世界の音楽ファンの投票でロック史上最高の衣装として歴代1位に選ばれたというあの白いジャンプスーツは、他のどんなアーティストが着ても駄目。この映画の中で生きている70年代初めの、充実して幸せだったエルビスにしか似合わない。

(2013.8.12)

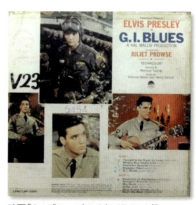

映画「G・I・ブルース」のサウンドトラック盤

立ちのぼる「時代の匂い」
電リクの選曲

　「洋楽のラジ関」の名を全国に知らしめた伝説的番組「電話リクエスト」は1952年12月24日の深夜に始まり、約30年間続いた。残念なことに、放送された選曲表はまとまった形では残っていない。そんな中、当時高校生で熱心なファンだったという神戸市東灘区の岡本正平さんが「何かの参考になれば」と、62～65年の選曲記録を提供してくださった。当時の放送を伝える貴重な資料である。

　丁寧な手書き文字で、放送日と曲目が曲順に従って一覧表にしてある。電リク最晩期の一時期、選曲に関わった者として、あらためて先輩たちのモダニズムに感服すると同時に、この選曲表のままにいま番組を作っても素晴らしい音楽番組が出来るのではないかと思った。

　例えば62年、この掲載日と同じ9月9日は日曜。午後7～9時に放送された。担当は、ソフトな語り口と話題の豊富さで幅広いファンを魅了したといわれる斉藤ヒデオアナウンサー。1曲目は「アフリカン・ビート」で、以下「ある恋の物語」「トゥナイト」「白い渚（なぎさ）のブルース」「マック・ザ・ナイフ」「九月になれば」「悲しきクラウン」「ベン・ケーシーのテーマ」…。さらに「闘牛士のマンボ」「月光のノクターン」「愛さずにいられない」「碧空（あおぞら）」「アル・ディ・ラ」「枯葉（かれは）」と続き、ラスト曲「鈴懸（すずかけ）の径（みち）」まで28曲。曲名を見ただけで「懐かしい」と思われる方

も多いのではないか。

　レコード資料室から、51年前のこの夜に使われたシングルレコードを選んで聴いた。一曲一曲、針を下ろすごとに、回転する盤面から「時代の匂い」が立ちのぼり、決して古びることのない感動が広がる。

（2013.9.9）

1962年9月9日の電話リクエストで使われたシングルレコード

すべての音楽が表現
いとしさ

　神戸新聞日曜付の「週刊まなびー」は充実した内容で、愛読している読者も多いのではないか。その中で月1回、「ホンネ」という企画があり、今月6日付のお題は「いとしの○○」だった。活動を再開したサザンオールスターズの名曲「いとしのエリー」にことよせて高校生に答えてもらうという内容。やはり家族、友達、好きな異性、有名人アイドルといった「人」が多かった。「鼻の穴に指を突っ込んできた0歳のめいっ子」というほほえましい回答もあった。

　担当者から、長年ラブソングに携わった者ということでコメントを求められた。「いとしい気持ちは、人が生きる上で最も崇高なもの。世界中のすべての音楽は、いとしさを表現するために創られている。いろんな音楽を素直に聴いて、いとしさを心に蓄積し、感動する力をはぐくんでほしい」と答えた。これをあらためて自覚しようと、レコード資料室に入り、思いつくままにシングルレコードを引き出した。

　「愛さずにいられない」（レイ・チャールズ）「明日に架ける橋」（サイモン＆ガーファンクル）「僕の歌は君の歌」（エルトン・ジョン）「イマジン」（ジョン・レノン）「この素晴らしき世界」（ルイ・アームストロング）「慕情」（フォア・エイセス）「ウィズアウト・ユー」（バッドフィンガー）「ムーンライト・セレナーデ」（グレン・ミラー楽団）「愛の讃歌」（エディット・ピアフ）…。名曲に次々と針を下ろすというぜいたくな

時間をすごした。レコードでしか味わえない優しい音の世界に包まれた。

　ジャンルや表現や言語は違っても、どの曲も、恋人や家族や友人に対して、また街や自然や故郷に対して、さらには思い出や記憶や時間に対して、まぎれもなく切々と「いとしさ」を歌っている。この「いとしさ」こそが聴く者に深い感動を与え、人として生きる力にもつながっているのではないか。そんな思いを深めながら、前出のコメントをあらためて自らに言い聞かせた。

（2013.10.21）

「いとしさ」を歌うさまざまな名曲のシングルレコード

震えがくるような39曲
ポールの大阪公演

　1973年の秋から電話リクエストの選曲を担当した。伝統ある電リクに、異例とは知りつつ、その日の1曲目とラストにビートルズをかけた。ビートルズが自分の音楽の原点だった。

初のソロアルバム「マッカートニー」(1970年)

　元ビートルズのひとり、ポール・マッカートニーの大阪公演を聴いた(2013年11月12日、京セラドーム大阪)。午後7時すぎから3時間弱、2回のアンコールを含めて全39曲。71歳になったポールの、全く年齢を感じさせないエネルギッシュなライブを、震えがくるような感動とともに堪能した。

　大歓声に迎えられて現れたポールは「マイド、オオキニ」と巧みな?大阪弁であいさつ。「エイト・デイズ・ア・ウィーク」で演奏が始まると会場全体が一気にひとつになった。ウイングス時代の曲や新譜「NEW」の収録曲を挟みながら、「オール・マイ・ラビング」「恋を抱きしめよう」「アンド・アイ・ラブ・ハー」「ブラックバード」…と世界中のファンの心をわしづかみにした名曲の数々が演奏され、よく伸びるあの声が深々と胸に届く。

亡きジョージ・ハリスンの名曲「サムシング」を追憶を込めて披露。「オブ・ラ・ディ、オブ・ラ・ダ」では会場中が大合唱した。ウイングス時代の大ヒット「バンド・オン・ザ・ラン」、そして「レット・イット・ビー」「ヘイ・ジュード」と一気に31曲。

　2度目のアンコールではギター1本の弾き語り「イエスタデイ」から始まり、シャウトが聴ける「ヘルター・スケルター」、そしてラストアルバムとなった「アビイ・ロード」からポールらしいバラード「ゴールデン・スランバー」や「キャリー・ザット・ウェイト」、最後は文字通り「ジ・エンド」だ。

　47年前の東京公演のような金切り声はなかった。周りは同世代と分かる団塊世代ばかり。ビートルズ世代といってもいい皆さんと声を張り上げて歌った。ジョンとジョージはもういない。一緒に歌いながら、何度も熱いものが込み上げた。思い出に残るいい夜だった。

　レコード盤が擦り切れるほど聴いたビートルズ。彼らの音楽やライフスタイルは、これからも世代を超えて生き続けるに違いない。

（2013.11.18）

ポール・マッカートニー&ウイングスのアルバム「バンド・オン・ザ・ラン」（1973年）

溝に時代を閉じ込めた
世を去ったミュージシャン

洋楽ファンにとって忘れ難いミュージシャンたちが2013年もこの世を去った。年明け早々に飛び込んできたのは、「テネシー・ワルツ」(1950年)の世界的ヒットで米国を代表する女性歌手の一人となったパティ・ペイジが85歳で亡くなっ

パティ・ペイジのベスト盤「なつかしのテネシー・ワルツ」。解説は大橋巨泉(1961年)

たという訃報だった。世界で1千万枚以上を売り上げる大ヒットとなったワルツの女王の「テネシー・ワルツ」は、文句なしの名曲スタンダードとなり、ラジオ関西の電話リクエストでも定番曲だった。4年前にラジオ関西が企画制作した5枚組CD「リスナーが選んだラジ関の洋楽100曲」で、事前に放送を通じて収録希望曲を募ったところ、断トツでこの曲の希望が多かった。

3月には、「モスコーの夜はふけて」を大ヒットさせた英国のトランペット奏者ケニー・ボールが82歳で死去。これも電リクがいち早く取り上げ、耳の肥えたファンの支持を得た。

8月には、歌手スティーブ・ローレンスとおしどり夫婦として活躍し

た米国のポップスシンガー、イーディ・ゴーメが84歳で亡くなった。夫婦でデュエットしたミュージカルナンバー「サンライズ・サンセット」は胸が震える絶品だ。

　ロック界では10月、ベルベット・アンダーグラウンドのリードボーカル、ルー・リードが71歳で亡くなった。67年のデビューアルバム「ベルベット・アンダーグラウンド&ニコ」のジャケットデザインを手掛けたのはアンディ・ウォーホル。「バナナ・アルバム」の異名があるジャケットは、アナログアルバムだからこそ実現できる30センチ四方のモダンアートだ。重く深い詩の世界は、盟友デビッド・ボウイをはじめ、その後のパンクロック世代やボブ・ディランらにも大きな影響を与えた。世界的ロックバンド、メタリカとの共演アルバムも作り、まだまだカリスマとして期待されていた矢先だった。

　それぞれ一時代を築き、才能と魅力にあふれた多くのミュージシャンたちが今年も逝ってしまった。しかし残されたレコードの溝には、時代の匂いと無数の感動が閉じ込められているに違いない。冥福を祈りながらもう一度、針を下ろしたい。

（2013.12.9）

「ベルベット・アンダーグラウンド&ニコ」。バナナの絵は剥がせるようになっている

大物アーティスト続々来日
今年は当たり年

　このコラムのタイトルにある「感動」という日本語は、英語に訳せばムービング（心を揺り動かす）とかタッチング（心の琴線に触れる）という言葉になるようだ。ラジオ関西がその伝説的番組「電話リクエスト」を通じ、一貫してリスナーに届け続けたのが、この「感動」だった。

ローリング・ストーンズのアルバム「山羊の頭のスープ」（1973年）

　その感動の「元」は、資料室に大切に所蔵されている10万枚を超えるレコードの溝の中に生き続けている。あらためてそんなことを思いつつ、今年の来日アーティストを調べていて、電リク団塊世代の一人として歓声を上げたくなった。あのころ、電波を通じて感動を胸に刻みつけてくれた文字通りの大物たちが続々と来日する。

　まず、ローリング・ストーンズが8年ぶり6度目の来日（2月末～3月、東京ドーム）。ミック・ジャガー、キース・リチャーズ、ロン・ウッド、チャーリー・ワッツの平均年齢は約70歳だ。キャリアは50年を超え、今

なおバリバリの現役。ロック界の伝説を目の当たりにできる。

　ディープ・パープルは4月10日、大阪で公演する。アルバムセールスが通算1億枚を超すというハードロックの元祖。電リクで何度も聞いた「ハイウェイ・スター」や「スモーク・オン・ザ・ウォーター」などが生で聴けることだろう。創設期のリードギター、リッチー・ブラックモアが脱退して久しいが、あのズシンとくるパープルサウンドは健在に違いない。

　そして、72歳の今も第一線で歌い続けているボブ・ディランが4年ぶり7回目の来日（大阪公演は4月21〜23日）。ライブハウス公演だけにチケット入手は困難だが、ディランの表情と演奏に間近に接する最後の機会かもしれない。

　エリック・クラプトンも2月に来る。そのクラプトンが抜けた初期のヤードバーズに参加したギタリストのジェフ・ベックも4月に来日。今年は電リク育ちの団塊世代には「当たり年」と言っていいかもしれない。ムービングでタッチングな一年になりそうだ。

（2014.1.20）

ディープ・パープルのアルバム「マシン・ヘッド」（1972年）

さびつかぬアナログ文化
ニューヨーク

ニューヨークに10日ほど滞在し、エンターテインメントの都を堪能してきた。ブロードウェーでは「ワンス」と「ジャージー・ボーイズ」という人気のミュージカルを見た。

「ワンス」は、アイルランドのダブリンの街角で歌う孤独な青年とチェコから来た

フランキー・ヴァリのヒット曲「君の瞳に恋してる」

移民女性の2人を中心に展開される爽やかなラブストーリー。2007年の同名映画の舞台化で、12年度のトニー賞(米演劇界で最も権威ある賞)を受けている。開演前のステージに客を上げ、音合わせに巻き込んでしまうという演出には驚くとともに、出演者の一人になったような一体感に引きこまれた。主演の2人がデュエットする名曲「フォーリング・スローリー」には胸が熱くなった。

「ジャージー・ボーイズ」は05年から超ロングランを続け、いまだに客足が衰えない人気作品。これも06年にトニー賞を受けている。ニュージャージー州の片田舎出身の若者4人がフランキー・ヴァリを中心にコーラスグループ「フォーシーズンズ」として成功し、挫折す

るまでを、当時のヒット曲をたっぷりと聴かせながらつづる。「君の瞳に恋してる」「シェリー」「恋のハリキリ・ボーイ」など、ラジ関の電話リクエストでもよく流れたヒット曲が次々に聴ける。本物が目の前にいる錯覚とともに、懐かしい曲を思わず一緒に口ずさんでしまった。

　今回、うわさに聞いていた「アカデミー・レコード」という中古レコード店も訪ねてみた。文字通り下町のイーストビレッジの裏通りにある店で、アナログレコードしか置いていない。うれしいことにアナログレコード文化が全く廃れていない。購入前に試聴できるブースもあり、若い人が熱心に聴いている。店の人の話では売りに来る人も多いとかで、場所柄、ジャズやブルースの貴重盤も多いとか。ザ・バンドのプロモーションLPというのを買った。5ドルだった。

　ニューヨークではミュージカルといいレコード店といい、アナログ文化が今でも不思議なぐらい全くさびついていない。ライザ・ミネリの歌ではないが「ニューヨーク・ニューヨーク」な10日間だった。

（2014.2.10）

イーストビレッジにあるアナログ中古レコード店「アカデミー・レコード」＝ニューヨーク

電リク再現　よみがえる記憶
恒例の名盤コンサート

　1950〜70年代の電リク黄金時代に大活躍したアナログレコードに刻まれた素晴らしい音楽と感動をもう一度よみがえらせたい。そんな思いで始めたアナログ

満員となった「名曲・名盤レコードコンサート」の会場＝神戸文学館

レコードコンサート。2006年以来、神戸新聞松方ホールでの定期開催を軸にさまざまな場所や形式で30回以上開催してきた。

　先月は神戸文学館（神戸市灘区）で恒例となった「名曲・名盤レコードコンサート」を開いた。4回目となる今回は「リクエストで電リク再現」というテーマ。電リク時代によく流れた定番名曲50曲のレコードを事前に用意し、その曲目リストから当日の参加者にリクエストしてもらう趣向である。当時のままのA5判サイズのリクエスト用紙に希望曲とメッセージを書いてもらった。集まったカードをテーブルの上に分類して並べ、開始直前まで1曲目が決まっていないという当時の現場を再現した。

　楽曲の解説、その場での選曲、メッセージの紹介と、筆者が拙い

一人三役を務めたせいか、50曲のうち14曲をかけるのが精いっぱい。てんてこ舞いをそのままご覧いただくことになった。ラジオ関西がまだ須磨にあったころ、狭い廊下を走り回った40年前がよみがえる。次の曲が決まらず脂汗が出たあのころの夢を今でも見ることがある。

　「愛さずにいられない」（レイ・チャールズ）「愛の讃歌」（エディット・ピアフ）「イエスタデイ・ワンス・モア」（カーペンターズ）「テネシー・ワルツ」（パティ・ペイジ）「エデンの東」（ビクター・ヤング楽団）「碧空（あおぞら）」（アルフレッド・ハウゼ楽団）「明日に架ける橋」（サイモン＆ガーファンクル）…と定番50曲を用意した。参加者のリクエスト上位にはコンチネンタル・タンゴの名曲「碧空」が入った。「電リクがそもそものなれ初めでした」「電話代がかさむと親から叱られた」など、ほのぼのとするメッセージも寄せられた。

　神戸文学館の建物は1904年、関西学院の発祥の地、原田の森にチャペルとして建てられたという。賛美歌なども歌われたであろう館内はわずかな反響がある。そのほのかな残響が、流れる名曲とともに参加者の胸の中で心地よいこだまをつくる。それぞれの人生の「あのころへの切符」を間違いなくお渡しできているなと感じる午後だった。

（2014.4.14）

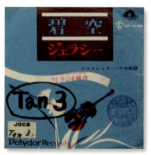

「碧空」（アルフレッド・ハウゼ楽団）

選ぶ人の人生観映し出す
無人島に持って行くなら？

　先日、行きつけのバーで音楽好きのマスターに「無人島に行くとしたら誰のレコードを持って行く？」と尋ねてみた。彼は即座に「パティ・ペイジ」とほほ笑んだ。「テネシー・ワルツ？」「いや、彼女の『ふるえて眠れ』という曲が好きで…」。無人島音楽談議に花が咲いた。

クロスビー・スティルス・ナッシュ＆ヤングのデビューアルバム「デジャ・ヴ」

　無人島に持って行きたいレコードのことを英語ではデザート・アイランド・レコードという。英国のBBCラジオには文字通り「デザート・アイランド・ディスク」という1940年から続く超長寿番組がある。毎回、各界の著名人が無人島に持って行きたい音楽8曲を選び、その理由を語りながら聴かせる。生前のルイ・アームストロングや俳優ダスティン・ホフマンらそうそうたる出演者が名を連ねている。

　自分なら何を選ぶだろう。懐かしいジャケット写真が次々に記憶のスクリーンに浮かんでは消える。ふと、映像が大きくなって止まったのは、クロスビー・スティルス・ナッシュ＆ヤングの70年のデビュー

アルバム「デジャ・ヴ」。デービッド・クロスビー、スティーブン・スティルス、グラハム・ナッシュ、ニール・ヤングの4人が生み出したフォークロックの名盤だ。

　資料室からレコードを出し、針を下ろす。「キャリー・オン」「ティーチ・ユア・チルドレン」「ウッドストック」「デジャ・ヴ」と続く。美しいハーモニーと心を打つ詩。感動の記憶がよみがえる。無人島暮らしでは日々の食料と同じぐらい、人生の感動をよみがえらせてくれる心の糧が欠かせないはず。このレコードは外せないと思った。

　続いて浮かんだのはレッド・ツェッペリン。71年発売の「4シンボルズ」と通称される4枚目のノンタイトルアルバムで、米国だけでも2300万枚が売れたハードロック史上屈指の一枚だ。薪を背負った老人の絵のジャケットはあまりにも有名。8分の大作「天国への階段」を無人島の孤独の中でぜひ聴いてみたい。

　無人島レコード。選ぶ人それぞれの年齢や音楽の好み、人生観もまつわって、千差万別、ごく個人的なものになるに違いない。あなたならどんなレコードを持って行きますか？

（2014.5.19）

レッド・ツェッペリンの4枚目のアルバム「レッド・ツェッペリンIV」

孤独の中で向き合う名盤
ジャズの名演奏

　前回、無人島に持って行きたいレコードとしてクロスビー・スティルス・ナッシュ&ヤングとレッド・ツェッペリンを紹介した。「無人島レコード」を選ぶという行為は、人生の折々に心に刻まれた音楽を縦糸に、自分史を紡ぐということでもある。しばらくこのシリーズを続けたい。あくまでも筆者の個人選ということでお許し願いたい。

ジム・ホールのアルバム「アランフェス協奏曲」

　今回はジャズ。一口にジャズといっても無数の名盤や名演奏が残されているので、万人が納得するものを選ぶのは不可能だ。1枚目はギタリストのジム・ホールが1975年に発表した「アランフェス協奏曲」。もう1枚はアルトサクソホン奏者フィル・ウッズがニューヨークからパリに移住した68年に発表した「フィル・ウッズとヨーロピアン・リズム・マシーン」（原題＝「アライブ・アンド・ウェル・イン・パリス」）。理由ははっきりしている。筆者が孤独の中でぜひ聴きたい曲が1曲ずつ入っているからだ。

　「アランフェス」の中の1曲は「アランフェス協奏曲」。スペインの

作曲家ホアキン・ロドリーゴの心揺さぶられる名曲。B面全体で1曲19分17秒の傑作だ。緩やかで単調ともいえる導入部からローランド・ハナ（ピアノ）、ロン・カーター（ベース）、スティーブ・ガッド（ドラムス）、チェット・ベイカー（トランペット）、ポール・デスモンド（アルトサクソホン）というそうそうたる演奏陣が、原曲のもつ哀愁を損なわずに見事に演奏している。

　「フィル・ウッズ」にはA面の1曲目に「若かりし日」というフィル・ウッズ畢生(ひっせい)の名演が刻み込まれている。フィルが渡欧する直前に凶弾に倒れた友人ロバート・ケネディにささげた一曲。哀調を帯びたテーマがまず示され、一転してフリージャズのような激しさに変わる。フィルのアルトは泣いているようにも叫んでいるようにも聴こえる。エンディングは一瞬の無音のあと、潮が引くように最初の美しいテーマに収斂(しゅうれん)されていく。13分55秒の美しくも激しいレクイエムだ。何度聴いても涙がにじむ。

　思えば無人島に持って行きたいレコードとは、暮夜、孤独の中で自らと向き合うためのレコードともいえるのではないか。世界には無数の「無人島」があるという気がしないでもない。

（2014.6.9）

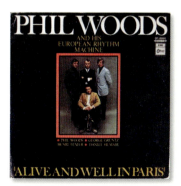

フィル・ウッズのアルバム「フィル・ウッズとヨーロピアン・リズム・マシーン」

愛と音楽にささげた人生
ジャニスとピアフ

「無人島に持って行きたいレコード」をテーマに、毎月2枚の洋楽盤を個人選として紹介している。ロックではクロスビー・スティルス・ナッシュ&ヤングとレッド・ツェッペリン、ジャズではジム・ホールとフィル・ウッズ。今回は女性ボーカルから2枚、ジャニス・ジョプリンとエディット・ピアフという時代も国も音楽も全く違う2人を選んだ。

ジャニス・ジョプリンのアルバム「パール」

ジャニスは遺作となった「パール」(1971年)。パールは彼女の愛称だ。鮮やかな紫色に縁どられたジャケットの中で幸せそうにほほ笑む彼女は、このアルバムを手にすることはなかった。このアルバム制作中、彼女は宿舎にしていたハリウッドのホテルで遺体となって発見された。死因は酒とドラッグの過剰摂取とされている。27歳だった。

レコードに針を下ろす。「ジャニスの祈り」「クライ・ベイビー」、彼女の急死のためインスト曲となった「生きながらブルースに葬られ」

…。このアルバムに収録したクリス・クリストファーソンの作品「ミー&ボギー・マギー」はシングルカットされ、全米1位を獲得している。すすり泣きから一瞬にして絶叫に転じる彼女のブルースは、聴く者の心を揺さぶらずにはおかない。

次いでエディット・ピアフの「愛の讃歌」と名づけられた3枚組み。代表曲「愛の讃歌」「バラ色の人生」をはじめ「ミロール」「水に流して」「パダム・パダム」…。ジャニスとは全く異なる愛の世界が広がる。名曲の陰に愛ありといわれるが、「愛の讃歌」は飛行機事故で亡くなった恋人、プロボクサーのマルセル・セルダンにささげられたものだし、「バラ色の人生」はイブ・モンタンとの愛の喜びを歌ったといわれる。

140センチ余りの小柄さゆえ、フランス語でスズメを意味するピアフと名づけられたという。小さな体から驚くほど力強い愛の歌があふれ出る。63年、がんにより死去。パリで行われた葬儀では交通が完全にストップしたという。

ジャニスとピアフ。愛と音楽に全てをささげ、激しく人生を駆け抜けた女性という点で2人はとても似ている。

(2014.8.11)

エディット・ピアフ「愛の讃歌」のシングルレコード
(アルバムのジャケット写真はp.35に掲載)

孤独な夜に甘い胸騒ぎ
フロイドとサンタナ

洋楽だけでも5万枚を超すラジオ関西所蔵のレコードから「無人島に持って行くなら」をテーマに、今月も2枚の洋楽盤を個人選として紹介する。今回は「無人島の孤独な夜に満天の星の下で聴く」ということで、英国のプログレッシブ・ロッ

ピンク・フロイドのアルバム「炎」

クバンド、ピンク・フロイドと、カルロス・サンタナがリーダーのラテンロックバンド、サンタナ。

ピンク・フロイドはレコードとCDの通算売り上げが2億枚超という1960～70年代を代表するスーパーバンド。シンセサイザーなどの電子楽器を駆使する詩的で幻想的な音楽は、解散した今でも世界中で聴かれ続けている。静かなリリシズムに満ちたアルバム「炎～あなたがここにいてほしい」(75年)を選ぶ。

無人島の静かな渚(なぎさ)で夜に聴いている、と想像しながら目を閉じる。テクニックにまかせてギターを弾きまくるような演奏はない。クラシック音楽を思わせる幻想と神秘の音世界。裏ジャケットに描かれたルネ・マグリット風の絵もイメージを広げてくれる。やがて、副題に

もなっている「あなたがここにいてほしい」の美しいメロディーが胸に染みてくる。

　サンタナは60年代に彗星(すいせい)のように登場し、現在も活躍しているスーパーギタリスト。初期の名盤の一つ、4枚目のアルバム「キャラバンサライ」(72年)を聴く。砂漠をラクダで旅する隊商をイメージしたジャケット。「サライ」が隊商の宿を意味するというのもこのアルバムで知った。

　コオロギの声から静かに始まるA面のオープニングは何度聴いても鳥肌が立つ。やがて多彩な打楽器やキーボードや管楽器の分厚い音をバックに、妖しく官能的なギターが踊り始める。曲ごとにタイトルはあるが、全体として一つの組曲になっている。激しいリズムが途切れた時にふと現れる独特の泣きのギター。「ブラック・マジック・ウーマン」「哀愁のヨーロッパ」という名曲につながるサンタナサウンドがすでに開花していたのが分かる。

　いずれもCDとして復刻されているが、A・B面をひっくり返すという作業も含め、アナログ盤の優しい音で聴くのがいい。孤独な夜にふさわしい2枚。甘い胸騒ぎがとまらない。

（2014.9.8）

サンタナのアルバム「キャラバンサライ」

とどろく歓声と息遣い
ロックのライブ盤

無人島に持って行きたいレコード。今回は、言い知れぬ孤独に襲われた時、勇気と元気をもらえるロックのライブレコードを2組選んだ。オールマン・ブラザーズ・バンド「フィルモア・イースト・ライブ」(1971年)とディープ・パープル「ライブ・イン・ジャパン」(72年)。いずれも2枚組LPだ。

オールマン・ブラザーズ・バンドのアルバム「フィルモア・イースト・ライブ」

オールマン・ブラザーズ・バンドは60年代末に米ジョージア州で結成した6人組。ブルース、ゴスペル、カントリーなど米南部に根ざした音楽をベースにしたサザンロックの先駆者で、エリック・クラプトンやボブ・ディラン、CCRなどの音楽にも影響を与えたといわれる。デュアンとグレッグのオールマン兄弟を核に、デュアンとディッキー・ベッツによるリードギター2人に加え、ドラムスも2組という楽器編成。フリーセッションのような形でパワフルな演奏を聞かせてくれるのが神髄だ。

1曲目は初期の代表曲「ステイツボロ・ブルース」。かつてニュー

ヨークのイーストビレッジにあったライブハウス「フィルモア・イースト」を埋めた聴衆の熱気が湯気を立てて立ち上ってくるようだ。粗削りで泥くさい、しかしどこか温かく懐かしい、胸の芯に訴えかけるサウンド。いつ聴いても心が温かく弾む。2枚目に収録されている「エリザベス・リードの追憶」や、そのB面全てを使っての熱演「ウイッピング・ポスト」は彼らの代表作であり後世に残る名演だろう。

　続いて、ハードロック史に輝く不朽のライブ名盤といわれているディープ・パープル「ライブ・イン・ジャパン」を聴く。72年に初来日した時のライブ盤。会場の歓声と熱気を圧するように「ハイウェイ・スター」「スモーク・オン・ザ・ウォーター」とおなじみの曲が続く。圧巻は2枚目のB面全てを使った19分50秒の熱演「スペース・トラッキン」だ。ハードロックのライブアルバムの真骨頂であるステージと客席の共振と共鳴がここにはある。

　ライブアルバム2組、152分41秒を一気に聴いた。とどろく歓声と拍手、体温と息遣いという温かみがそこにはある。食事や睡眠と同じように音楽が必要なのだと思わせてくれた。この2組も無人島には欠かせない。

（2014.10.20）

ディープ・パープル「ライブ・イン・ジャパン」からシングルカットされた「スモーク・オン・ザ・ウォーター」（アルバムのジャケット写真はp.96に掲載）

優れた掌編小説に似て
シャンソンの名品

深まる秋。かつてこの季節になると、ラジオ関西の電波を通じてさまざまなシャンソンの名曲が放送された。ラジ関でシャンソンの魅力を知ったという人も多い。筆者もその一人。無人島に持って行きたいレコード、今回はシャンソンのアルバム2枚を選んだ。

写真はジュリエット・グレコのCD
「詩人の魂〜ベスト・オブ・ジュリエット・グレコ」
Ⓒユニバーサル ミュージック

「シャンソン・カスタム・コレクション」(1971年)というオムニバス盤と「シャルル・アズナブールMAX20」(71年)というベスト盤。名盤という類いではなく、一般向けの「化粧盤」といわれるものだが、内容は充実している。

まず「シャンソン・カスタム・コレクション」に針を下ろす。A面1曲目はジョゼフ・コスマの名曲「枯葉」。イブ・モンタンの名唱で有名だが、ここではジュリエット・グレコが情感を込めて聴かせてくれる。いつも黒ずくめの衣装で現れた彼女の姿が浮かぶ。詩と歌で人生を語り尽くすというシャンソンの世界に、早くも引き込まれる。

「パリのお嬢さん」（ジャクリーヌ・フランソワ）「セ・シ・ボン」（パタシュー）「パリ祭」「ラ・セーヌ」と続く。エディット・ピアフの持ち歌「愛の讃歌」はここではジャクリーヌ・フランソワが熱唱。「詩人の魂」「パリの屋根の下」「バラ色の人生」「ドミノ」「ラ・メール」とおなじみの名曲が20曲収められている。個人アルバムもいいが、オムニバスも悪くない。

　続いてアズナブールのベスト盤に移る。イザベルという女性の名を29回連呼する大ヒット曲「イザベル」から始まり、「帰り来ぬ青春」「コメディアン」「想い出の瞳」「街角の瞳」…そして「ラ・ボエーム」まで全20曲。美しいフランス語の響き。優しく語りかけ、時には強く問いかけるような歌唱。悪寒に似た感動のさざ波が背筋を走る。

　シャンソンの名品は優れた掌編小説に似ている。聴き入りながら原詩と対訳に目を凝らす。中でも「街角の瞳」と「ラ・ボエーム」は古き良きパリの裏町で繰り広げられた愛と青春を眼前に見るようだ。

　神戸の街に枯れ葉が舞い始めるこの季節、作家檀一雄の言葉に倣い、シャンソンが醸す「天然の旅情」に浸りたい。

（2014.11.17）

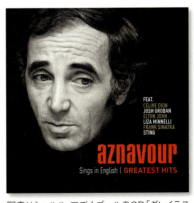

写真はシャルル・アズナブールのCD「グレイテスト・ヒッツ〜アズナブール・シングス・イン・イングリッシュ」©ユニバーサル ミュージック

胸に響く絶唱忘れられず
2人の黒人歌手

ラジオ関西所蔵の洋楽レコードから「無人島にもってゆくなら」をテーマに洋楽アルバム2枚ずつを個人選として紹介してきたが、このあたりで区切りにしたい。今回は黒人歌手の2枚。「レイ・チャールズ　カントリー・アンド・ウエスタン・ソングを歌う」(1962年)とナット・キング・コールの10インチ(25センチ)盤「コール・アンコール」(60年)だ。

アルバム「レイ・チャールズ　カントリー・アンド・ウエスタン・ソングを歌う」

「レイ・チャールズ―」は、白人音楽といわれたカントリーを黒人のレイが自らの選曲で歌う。当時所属のレコード会社、ABCパラマウントが黒人ファンの反発を恐れて制作を渋ったという。アルバムはヒットしなかったが、収められた「愛さずにいられない」が全米年間ナンバーワンとなり、レイにとっては記念すべきアルバムとなった。

針を下ろすと、エバリー・ブラザーズの大ヒット曲でサイモン&ガーファンクルのカバーでも有名な「バイ・バイ・ラブ」が、うなるようなアップテンポで耳に飛び込んでくる。ハンク・ウィリアムズで有名な

「ハーフ・アズ・マッチ」や、多くの歌手がカバーしている「ケアレス・ラブ」と続く選曲は全てラブソング。どの曲もカントリーでありながら、レイのルーツであるリズム&ブルースが脈打つ。極め付きの「愛さずにいられない」は胸に響く絶唱。カントリー歌手ドン・ギブソンの曲はレイによって永遠の名曲となった。

2004年に73歳で死去。あらためて偉大さと熱いリリシズムに触れた。

ナットもレイと同様、ラジ関の電話リクエスト黄金期の昭和30年代には毎晩のように歌が流れた。「モナ・リザ」「トゥー・ヤング」「ネイチャー・ボーイ」…。死後に娘とのデュエット盤としてリメークされてグラミー賞を獲得した「アンフォゲッタブル」はオリジナルのソロで聴ける。

レイの歌に熱い哀しみがあるとすれば、しみじみと心に届くハスキーボイスのナットの歌には、彼の好きだったメントールたばこのような乾いたペーソスが漂う。

耳にも心にも優しいアナログならではの素晴らしい2枚。懐かしいスクラッチノイズと共に、アンフォゲッタブル（忘れられない）な感動が詰まっている。

（2014.12.8）

アルバム「コール・アンコール」

膨らむ電リク復活の夢
伝説の番組

「電話リクエスト」の電話受け付け＝1964年ごろ

　今や伝説となっているラジオ関西「電話リクエスト」の歴史を伝える貴重な資料が手元にある。1968年当時の編成局放送管理課長、神栄赳郷（しんえいたけさと）氏が私家版として発行したガリ版刷り、文字通り手作りの小冊子だ。きちょうめんな手書きの文字でつづられた文章は、電リク創成期から黄金期の様子を生き生きと正確に伝える。

　前テーマ曲として有名なホーギー・カーマイケルの名曲「スターダスト」（ロイ・エルドリッジのトランペット演奏）は、最初は前テーマでもリクエストでもなく、日本初の電リク番組のスタートとなった52年12月24日の夜、故末廣光夫プロデューサーが「1曲目」として用意した

曲だったこと。報道部からの情報に基づいて生放送中に心臓手術のための緊急献血を呼びかけたところ、50人以上ものリスナーが病院に駆け付けたこと。小山美智子、玉井孝、乙川幸男、斉藤ヒデオ…と続く歴代人気アナウンサーの横顔。浜村淳、大橋巨泉の2人もDJとして活躍したこと―などなど、伝説の基になるようなエピソードが盛り込まれている。後輩として誇らしく、読むたびに胸が躍る。

　そんな時、必ず思うことがある。電リクをラジ関のレギュラー番組として復活できないか。10万枚を超える貴重なアナログレコードをよみがえらせ、懐かしい音楽をもう一度リスナーと分かち合えないか、と。昨年までの8年間、神戸新聞松方ホールをはじめさまざまな会場で50回以上のレコードコンサートを開催し、懐かしい音楽に耳を傾ける人々に接する中で、その思いはますます募った。

　2010年の国勢調査結果によると、65歳以上は兵庫県民の約23％。あのころ、ラジ関にダイヤルを回し続けた〝電リク族〟は今も巨大な団塊として健在だ。電リク世代の心に染みこんでいる感動は、歳月を経ても消えることはないに違いない。

　リクエスト曲とリスナーからのメッセージだけで構成し、音源は全てアナログレコードを使うという〝元祖ラジ関電リク〟をよみがえらせることで、電リク世代の心にあの感動をもう一度…。そんな夢を膨らませている。

（2015.1.19）

洋楽の伝統 ラジ関CDボックス

◆洋楽100曲　第1弾発売、選曲投票第2弾も好調

2009年6月、「OLD DAYS BUT GOOD DAYS　リスナーが選んだラジ関の洋楽100曲」と題した5枚組の洋楽コンピレーションCDを、ラジオ関西が企画、発売した。

対象は、かつて「電話リクエスト」をはじめとするラジオ関西の洋楽番組から流れる曲を聴き、ラジ関ファンになってくださったいわゆる"電リク世代"。収録した全100曲は、リスナーの投票によって選んだ。

うれしいことに発売前から大きな反響を呼び、CDが売れないといわれる時代に、1万500円のCD1300セットが完売となった。

その後「100曲では足りない。第2弾はいつ?」という声がたくさん寄せられた。今年の2～3月に前回同様さまざまな番組で収録曲リクエストを呼び掛けたところ、第1弾の2183曲を上回る、2994曲の投票があった。

今回のボックスタイトルは「YESTERDAYS & MEMORIES」。何度も絞り込みをし、収録曲が決まった。

「ウイズアウト・ユー」(ニルソン)、「雪が降る」(アダモ)など大ヒット曲をはじめ、「白い渚のブルース」(アッカー・ビルク)、「魅せられしギター」(ザ・スリーサンズ)…。

さらにラジ関ならではの一曲として、「想い出のスマ浜」(ビーチ・ボーイズ)。そして電リクの前後テーマ曲を、サービストラックとして収めたことも付け加えたい。

　全収録曲はラジオ関西のホームページで発表している。曲名や演奏者名を見るだけでも、あのころを懐かしく思い出していただけるのではないか。

(2010.6.28)

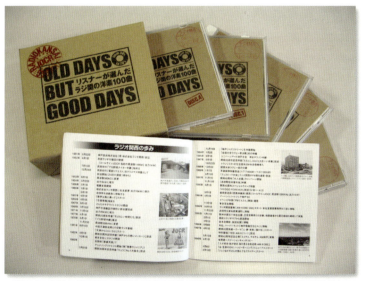

「リスナーが選んだラジ関の洋楽100曲」の第1弾「OLD DAYS BUT GOOD DAYS」。
ブックレットにはラジオ関西の年表も

◆神戸らしい香りの100曲

　ラジ関ファンや洋楽ファンに大きな反響を呼んだ「リスナーが選んだラジ関の洋楽100曲」（5枚組CDボックス）の第3弾が制作されることになった。2009年の第1弾「OLD DAYS BUT GOOD DAYS」、2010年の第2弾「YESTERDAYS & MEMORIES」に続くもの。2012年4月1日に開局60周年を迎えるラジオ関西の開局60周年記念アルバムとして発売される。

　かつて「電話リクエスト」をはじめとする数々の洋楽番組から流れるレコード音楽を聴いてラジ関ファンになっていただいた"電リク世代"に向けての記念企画CD。「洋楽のラジ関をいつまでも」という思いをこめて、今回のタイトルは「NOW & FOREVER」と決めた。

　第3弾には、第1弾と第2弾に入らなかった新たな洋楽100曲がオリジナルの原盤から収録される。全て洋楽。スタンダードからポピュラー、ジャズ、ポップス、ロック、フォーク、シャンソン、カンツォーネ、ラテン、映画音楽など、1950～70年代のあらゆる洋楽ジャンルから「ラジ関らしく、神戸らしい香りのする100曲」を選りすぐる。

　最終選曲を前に今回も、放送やホームページなどで「心に残る洋楽5曲のリクエストを」と呼びかけたところ、延べ2千曲を超える応募があった。これから、ラジオ関西洋楽ディレクターグループによる絞り込みと、原盤使用許諾交渉が始まる。最終収録曲が決まるのは今年のクリスマス前後、発売は来年2月14日のバレンタインデ

一の予定。価格は第1弾、第2弾と同じく1セット1万500円。

　ちなみにラジオ関西のホームページでは、既に発売されている第1弾と第2弾の全曲目一覧を見ることができる。いよいよ第3弾。あのころのあの曲がまた聴ける。どんな100曲になるのだろうか。今から楽しみだ。

(2011.10.31)

「リスナーが選んだラジ関の洋楽100曲」の第2弾
「YESTERDAYS & MEMORIES」

◆洋楽ボックス第3弾　超ビッグヒットも収録

　日本で3番目に古い民間ラジオ局のラジオ関西は4月1日、開局

60年の"還暦"を迎える。これを記念して発売される5枚組み洋楽CDボックス「リスナーが選んだラジ関の洋楽100曲～NOW & FOREVER」の制作が大詰めに入った。リスナーから寄せられた収録希望曲は2392曲。洋楽ディレクター陣による絞り込みを経て、音源使用交渉があと数曲というところまできた。

　今回は、演奏者が混在するコンピレーション盤にはこれまで許諾が出なかったエルビス・プレスリー「ハートブレイク・ホテル」やジョン・デンバー「故郷へかえりたい」といった超ビッグヒットを収録。ほかに、カスケーズ「悲しき雨音」、ビル・ヘイリー＆ヒズ・コメッツ「ロック・アラウンド・ザ・クロック」、アーサ・キット「ウシュカ・ダラ」、ブラウンズ「谷間に三つの鐘がなる」―といった、ラジ関の電リクでもよく流された1950～60年代の懐かしいヒット曲を収める。

　さらに、ギルバート・オサリバン「アローン・アゲイン」やジャニス・ジョプリン「サマータイム」など70年代のヒット曲も。ジャズでは、キャノンボール・アダレイ＆マイルス・デイビス「枯葉」やデイブ・ブルーベック・カルテット「テイク・ファイブ」という定番曲が入る。

　第1弾「OLD DAYS BUT GOOD DAYS」と第2弾「YESTERDAYS & MEMORIES」に続き、シリーズを締めくくる第3弾。文字通り「ラジ関らしく、神戸らしい香りのする100曲」を収める。

（2012.1.16）

洋楽CDボックス第3弾に収録されるエルヴィス・プレスリー「ハートブレイク・ホテル」（写真（上）左上）、カスケーズ「悲しき雨音」（同（下）左下）などのシングル盤

◆リスナーが育てた歴史

　ラジオ関西開局60周年を記念して企画された洋楽5枚組CD第3弾「リスナーが選んだラジ関の洋楽100曲〜NOW＆FOREVER」が発売された。リスナーをはじめ洋楽ファンから寄せられた収録希望曲は延べ2400曲。CD5枚で102曲という制限があ

り、最終収録曲の選択は楽しくもつらい作業となった。

　エルビス・プレスリーやジョン・デンバーら誰でも知っている歌手の超ビッグヒットが、各レコード会社のディレクターの粘り強い交渉で収録できた。また、アタウアルパ・ユパンキ「トゥクマンの月」、ジョルジュ・ムスタキ「私の孤独」、メリナ・メルクーリ「日曜はダメよ」といった、コンピレーションCDにはまず入ることのない名曲中の名曲が入った。

　いただいた全てのリクエストを整理しながら感じたのは、ラジ関ファンは洋楽を心から愛し、よく知っておられるなあということ。「リスナーが選んだ」というサブタイトルどおり、よくあるコンピレーションものとは一味も二味も違う記念アルバムとなった。

　音楽評論家で作詞家の湯川れい子さんが、CDに添えられたブックレットに「曲目リストを見て絶句しました」とうれしい言葉を書いてくださった。収録曲リストは、既に発売されている第1、2弾の全曲目も合わせてラジオ関西ホームページでご覧いただける。

　リストを見ながらあらためて確信したのは、神戸はよく「ジャズの街」と言われるが、実は「洋楽の街」とも言えるのではないか、ということだ。発売前から大きな反響を呼んだ背景には、「洋楽のラジ関」の歴史と伝統を育てた多くのリスナーによる無数の「音楽」がたゆたっているのだと強く感じた。

（2012.3.12）

発売された洋楽5枚組CD第3弾
「リスナーが選んだラジ関の洋楽100曲〜NOW & FOREVER」

名曲「トゥクマンの月」が入ったユパンキのアルバム「アタウアルパ・ユパンキ傑作大全集第3巻」

ラジオ一筋の40年―あとがきにかえて

　1973年4月、株式会社ラジオ関西に入社、報道制作部、東京支社編成、営業部、事業部など番組制作・編成部門を中心に過ごしました。伝説の洋楽番組「ラジオ関西電話リクエスト」の最後の4年間、ディレクターの一員に加われたことは名誉でもあり、夢のような経験でした。

　2008年、ラジオ関西編成局長を最後に関連会社ラジオ関西プロダクツに転じ、常務取締役業務部長でキャリアを終え、2013年3月定年退職いたしました。

　企画制作した番組で2004年日本民間放送連盟賞「ラジオ放送活動部門」近畿地区最優秀入選。2007日本民間放送連盟賞第3回日本放送文化大賞グランプリ候補に入選。

　1994年～1996年、制作局スポーツ班でディレクターとしてジャイアンツ、オリックスを中心にプロ野球中継を担当。その間に、阪神・淡路大震災が発生しましたが、オリックスのリーグ優勝や日本一を眼の前で目撃するという稀有な経験をさせてもらいました。

　2002年、ラジオ関西開局50周年事業プロデューサー　＊「モーニング娘in赤穂海浜公園」　＊「KOBE ACOUSTIC TOWN」（神戸新聞松方ホールで、ばんばひろふみ、杉田二郎、小室等などの出演でフォーク系のコンサートを4年連続で実施）

　2005年神戸市主催「震災10年　神戸からの発信」グランドフィ

ナーレ「明日への架け橋〜神戸からありがとう〜」運営事務局プロデューサー。

　関連会社・ラジオ関西プロダクツに移って、洋楽だけでも5万枚以上ある所蔵アナログレコードを活用したレコードコンサートやLPジャケット展を県内各地で開催。「"ジャズの街・神戸"というけれど、神戸はジャズだけの街ではなく広い意味で"洋楽"の街。神戸っ子は昔から良い音楽はジャンルの分け隔てなく受け入れてきた。それが神戸っ子の軽さであり、凄み」というのが私の持論です。

2011年5月28日に芦屋市立美術博物館ロビーで行われたレコードコンサート

2009年、「リスナーが選んだラジ関の洋楽100曲」と題した洋楽CDボックス(5枚組・定価1万円)第1弾〈OLD DAYS BUT GOOD DAYS〉、2010年、第2弾〈YESTERDAYS & MEMORIES〉を企画・販売し、2012年に発売された第3弾の〈NOW & FOREVER〉と合わせて延べ3000セット近いロングセラーになりました。

　2010年5月から神戸新聞夕刊文化面に、「あの感動をもう一度《ラジ関10万枚のレコード物語》」と題した音楽随想記事を、2015年1月まで、70回にわたって連載させていただきました。
　その連載がこのたび「のじぎく文庫」の1冊として、まとめられることになりました。
　連載中に5回テーマとして取り上げた「ビートルズ」、4回にわたって紹介した「ラジ関洋楽CDボックス」は、一つの読み物としてまとめました。ビートルズは、ほかに連載終盤の企画テーマ「無人島に持って行きたいレコード」でも再び取り上げており、本書には最初の回の記述を中心に収めましたが、「無人島」の連載時には「さて困った。ビートルズだけは全レコードを無人島に持って行きたいからだ。悩んだ末、『ラバー・ソウル』と『アビイ・ロード』の2枚のアルバムを選んだ」と記したことを、ここに書きとめておきたいと思います。
　新聞連載から本書上梓までのすべての過程において、ラジオ関西の関係者の方々、そもそもの連載開始のきっかけを作ってくださ

った神戸新聞社の山崎整氏、新聞連載時の文化部担当デスク石田雅志氏をはじめとする多くの方々のあたたかい励ましと惜しげもないご協力に支えられました。

　また、本書の編集担当者、神戸新聞総合出版センターの浜田尚史氏がいなければこの本は実現しませんでした。氏は、フルカラーのレコードジャケット写真の掲載許諾申請という、煩雑で骨の折れる仕事をさらりと、しかも根気強く成し遂げられました。最後になりましたが、これらすべての方々に改めて心から感謝申し上げたいと思います。

　本年9月で66歳になりました。文字通り、団塊ど真ん中世代です。

　1973年からちょうど40年間、ラジオ屋一筋でした。まことにあっという間の40年でした。

　ラジオ屋として、素晴らしい音楽を日夜浴びるように聴くことが出来た幸せにいま改めて感謝したい思いでいっぱいです。「音楽なければ人生なし、感動なければ人生なし」の思いをますます実感しています。本書で、その感動の一端を感じていただければ無上の幸せです。

2015年10月10日
今林清志

本書に掲載したレコードジャケット写真は、一部提供写真を除き、すべてラジオ関西所蔵のレコードを著者が撮影したものです。写真掲載にあたって許可をいただいたレコード会社・関係者の皆様に御礼申し上げます。

【写真提供】
ユニバーサル ミュージック（p.128,129）
【掲載協力】
キングレコード／ソニー・ミュージックエンタテインメント／ビクターエンタテインメント／ユニバーサル ミュージック／ワーナーミュージック・ジャパン

ラジオ関西10万枚のレコード物語
あの感動をもう一度

2015年11月19日　第1刷発行

著　者	今林清志（いまばやしきよし）
協　力	株式会社ラジオ関西
編　集	のじぎく文庫
発行者	山下俊一
発行所	神戸新聞総合出版センター
	〒650-0044　神戸市中央区東川崎町1-5-7
	神戸情報文化ビル9F
	TEL. 078-362-7140
	FAX. 078-361-7552
	http://www.kobe-np.co.jp/syuppan/
編集担当	浜田尚史
印刷所	株式会社神戸新聞総合印刷

乱丁・落丁本はお取り替え致します。
本書の写真等の無断転載を禁じます。
ⒸKiyoshi Imabayashi 2015,Printed in Japan
ISBN978-4-343-00871-8　C0073